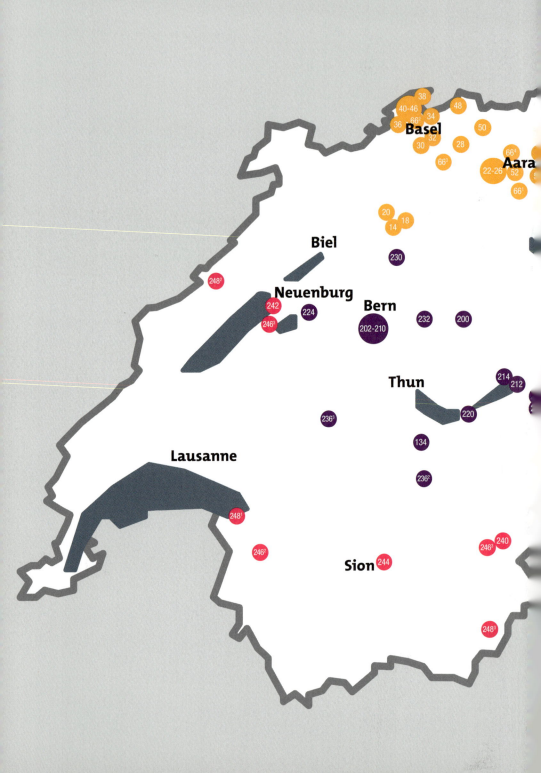

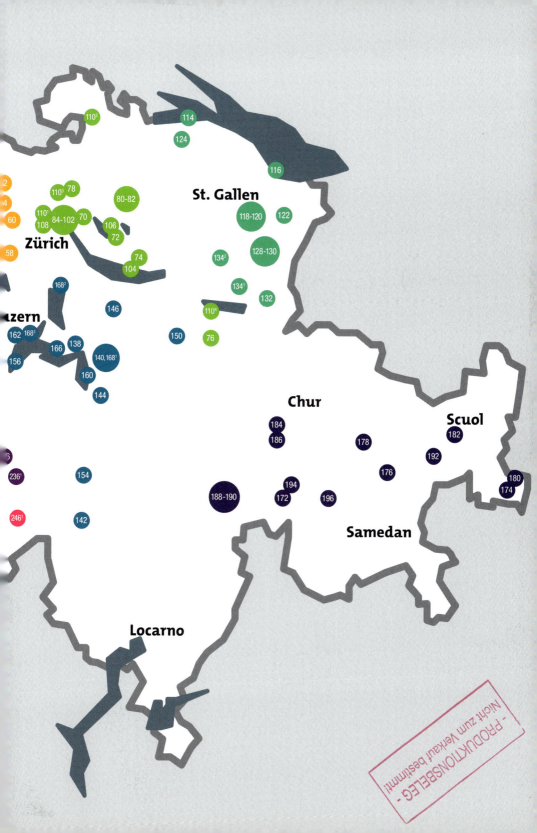

Erlebnis**reich** Schweiz

Erika Lüscher

Erlebnis**reich** Schweiz **100 besondere Ausflüge**

FARO

© 2013 Faro im Fona Verlag AG, 5600 Lenzburg
www.fona.ch

Lektorat
Léonie Schmid

Gestaltung und Konzept
FonaGrafik, Stefanie von Däniken

Bildnachweis
Seite 250

Druck
Kösel, Altusried-Krugzell

ISBN 978-3-03781-049-1

Inhaltsverzeichnis

Nordwestschweiz

Stadt und Region – Solothurn	14
Steinmuseum Solothurn	18
Verenaschlucht – Rüttenen	20
Bally Schuhmuseum – Schönenwerd	22
Ballyana Sammlung – Schönenwerd	24
Paul Gugelmann-Museum – Schönenwerd	26
Henkermuseum – Sissach	28
Goetheanum – Dornach	30
Schweizerhalle Salinen – Pratteln	32
Augusta Raurica – Augst	34
Monteverdi Automuseum – Binningen	36
Fondation Beyeler – Riehen	38
Basler Münster	40
Zoologischer Garten – Basel	42
Kunstmuseum – Basel	44
Merian Gärten – Basel	46
Bierbrauerei Feldschlösschen – Rheinfelden	48
Sauriermuseum – Frick	50
Aargauer Kunsthaus – Aarau	52
Schlossdomäne Wildegg	54
Schloss Lenzburg	56
Kloster Muri	58
Kindermuseum Baden	60
Paul Scherrer Institut – Villigen	62
Vindonissapark Brugg – Windisch	64
Waldseilgarten Rütihof – Gränichen	66
Basler Papiermühle	66
Solarbob Rodelbahn und Seilpark – Langenbruck	66
Sternwarte Schafmatt – Rohr	66

Walensee – Zürich – Schaffhausen

Fliegermuseum Dübendorf	70
Sauriermuseum Aathal	72
Museum Ritterhaus – Bubikon	74
Tektonik-Arena – Engi	76
Geigenmühle Neerach	78
Zentrum für Fotografie – Winterthur	80
Technorama Winterthur	82
Zürich – Zürichsee	84
Zürich Flughafen	86
Fraumünsterkirche – Zürich	88
Grossmünster Zürich	90
Kunsthaus Zürich	92
Landesmuseum Zürich	94
Museum für Gestaltung – Zürich	96

🟩 Tram-Museum – Zürich	98
🟩 Uhrenmuseum Beyer – Zürich	100
🟩 Zoo Zürich	102
🟩 Knies Kinderzoo – Rapperswil	104
🟩 Buchdruckermuseum Graphos – Uster	106
🟩 Bruno Weber Skulpturenpark – Dietikon	108
🟩 Trampolino – Das Kinderparadies – Dietikon	110
🟩 Adventure Park Rheinfall – Neuhausen	110
🟩 BodyFlying – Rümlang	110
🟩 Schabziger Höhenweg – Filzbach	110

Ostschweiz

🟩 Schloss Arenenberg – Napoleonmuseum Salenstein	114
🟩 Saurer-Museum Arbon	116
🟩 Textilmuseum St. Gallen	118
🟩 Stiftsbibliothek St. Gallen	120
🟩 Pestalozzi-Kinderdorf – Trogen	122
🟩 Kartause Ittingen – Warth	124
🟩 Appenzeller Alpenbitter	128
🟩 Appenzellerland	130
🟩 Schaukäserei – Stein	132
🟩 Klangweg Toggenburg – Alt St. Johann	134
🟩 Chnobelweg Hemberg	134

Zentralschweiz

🟦 Tierpark und Bergsturzmuseum – Goldau	138
🟦 Bundesbriefmuseum – Schwyz	140
🟦 Andermatt – Airolo	142
🟦 Tell-Museum – Bürglen	144
🟦 Kloster Einsiedeln	146
🟦 Themenwege in die Vergangenheit – Glarus	150
🟦 Nationalmuseum Gotthard	154
🟦 Glasi Hergiswil	156
🟦 Weg der Schweiz	160
🟦 Kultur- und Kongresszentrum – Luzern	162
🟦 Schweizer Geschichte – Schwyz	164
🟦 Rigi – Vitznau	166
🟦 Naturenergie Sattel-Hochstuckli	168
🟦 Höllgrotten Baar	168
🟦 Verkehrshaus Luzern	168

Graubünden

🟦 Rofflaschlucht – Andeer	172
🟦 Val Müstair	174

Bernina Express	176
BierVision – Davos Monstein	178
Kloster St. Johann – Müstair	180
Bergbaumuseum – Scuol	182
Burg Hohen Rätien – Bonaduz	184
Viamala – Hinterrhein	186
Valser Wasserwelt – Vals	188
Therme Vals	190
Schweizer Nationalpark – Zernez	192
Kirche St. Martin – Zillis	194
Forscherparcours Alp Flix – Savognin	196

Mittelland – Emmental – Berner Oberland – Bern – Fribourg

Glockengiesserei Berger – Bärau	200
Berner Münster	202
Bundeshaus Bern	204
Kunstmuseum Bern	208
Zytglogge Bern	210
Ballenberg – Hofstetten	212
Brienzer Rothorn Bahn – Brienz	214
Kraftwerk und «Grimselwelt» – Innertkirchen	216
Jungfrau-Land – Interlaken	220
Papiliorama – Kerzers	224
Aareschlucht bei Meiringen	226
Sherlock Holmes Museum – Meiringen	228
Museum Schloss Landshut – Utzenstorf	230
Sensorium Rüttihubelbad – Walkringen	232
Tropenhaus Frutigen	234
Kristallweg – Guttannen	236
Oeschinensee – Kandersteg	236
Eispaläste Schwarzsee	236

Wallis – Westschweiz

Stockalperpalast – Brig	240
Centre Dürrenmatt – Neuchâtel	242
Lac Souterrain de St-Léonard	244
Eisgrotte im Rhonengletscher – Obergoms	246
Mines de Sel – Bex	246
Thermalbad Brigerbad	246
Schweizer Vogelschutz SVS / BirdLife Schweiz	246
Swiss Vapeur Parc – Le Bouveret	248
Unterirdische Mühlen des Col-des-Roches – Le Locle	248
Spielboden Saas-Fee	248

Nordwest-
schweiz

Stadt und Region – Solothurn
Die Zahl 11 ist Trumpf

Französischer Charme und Schweizer Bodenständigkeit – in keiner andern Schweizer Stadt ist diese «mariage» harmonischer als in der Ambassadorenstadt.

Elf ist eine wichtige Zahl für die Solothurner: Der Kanton wurde als elfter Stand in die Eidgenossenschaft aufgenommen. In der verkehrsfreien Altstadt gibt es elf Kirchen, elf Kapellen, elf Brunnen, elf Türme und – wen wundert es – eine Uhr mit nur elf statt mit zwölf Stunden. «Die Solothurner Uhr», ein Foucault-Pendel, befindet sich im Naturmuseum und zeigt die Erddrehung an. Die vom französischen Barock- und Renaissancestil beeinflusste Ambassadorenstadt wird vom «Solothurner Marmor» geprägt. Mittelpunkt ist die 1773 eingeweihte St. Ursenkathedrale. Eine Freitreppe aus dreimal elf Stufen führt zum Hauptportal. Im Glockenturm hängen elf Glocken, und im Sakralraum gibt es elf Altäre. 2011 wurde der Kirchenraum durch einen Brandanschlag verwüstet und musste vollständig saniert werden. Salodurum war schon den Römern wichtig: Beim Durchgang zum Friedhofplatz sind Überreste einer Castrum-Mauer aus dem 4. Jh. zu erkennen. Ältestes intaktes Bauwerk der Stadt ist der Zeitglockenturm (1. Hälfte des 12. Jh.). Im 15./16. Jh. wurde er mit Uhrwerk, astronomischem Zifferblatt und Figurenspiel ausgestattet. Mittelalterliche Zeugen sind auch der Krumme Turm und die nördliche Stadtmauer mit den drei Halbtürmen. Ab 1530 brachten die französischen Gesandten Aufschwung, Kultur und Savoir-vivre ins Städtchen.

**Region Solothurn Tourismus
Hauptgasse 69
4500 Solothurn**

Tel. 032 626 46 46
info@solothurn-city.ch
www.solothurn-city.ch

Anreise öV Vom Bhf. ist die Altstadt in wenigen Gehminuten erreichbar.

St. Ursenkathedrale
Kathedrale
www.bistum-basel.ch oder
www.prokathedrale-so.ch
Führungen für Gruppen nach Vereinbarung: Telefon Verwaltung 032 622 19 91

Domschatz In der nördlichen Sakristei befinden sich der Domschatz mit dem aus der Zeit um 983 v. Chr. geschaffenen Hornbacher-Sakramentar und einer kostbaren Marienstatue sowie Goldschmiede- und Textilarbeiten von der Spätgotik bis zum Barock.

Öffnungszeiten Turm Ostern bis Allerheiligen Mo–Sa 9.30–12 Uhr und 13.30–17.30 Uhr, So und Feiertage 13–17.30 Uhr. Während den Gottesdiensten und bei schlechtem Wetter ist der Turm geschlossen.

Eintritt Turm Erwachsene CHF 3.–, Ermässigung für Kinder und Jugendliche ab 12 Jahren

Solothurner, welche im lukrativen Söldner- und Pensionswesen mitmischten, kamen zu Reichtum und Macht und zeigten dies mit standesgemässen Domizilen in der Stadt und Sommerhäusern auf dem Land. Um 1700 liess Schultheiss Johann Viktor Besenval sein Stadtpalais Besenval mit dem wunderbaren Barockgarten erbauen, während er im Sommer auf Schloss Waldegg residierte. Das Anwesen vor den Toren der Stadt dient heute als Museum sowie als Kultur- und Begegnungszentrum und beherbergt ein Restaurant.

■ Erlebnisreich

- Solothurn verfügt über eine Vielzahl von Museen. Nationale Ausstrahlung haben auch die Solothurner Film- und Literaturtage, aber auch das Solothurn Classics.
- Weissenstein: Seit dem November 2009 gehört die historische Sesselbahn auf den 1280 m hohen Solothurner Hausberg der Vergangenheit an. Pro und Kontra Neubau bewegt die Solothurner Gemüter schon lange. Viele sehen in der alten Bahn ein schützenswertes Objekt. Seit 2012 liegt eine vom Bund erteilte Konzession und die Baubewilligung für eine komfortable Gondelbahn vor. Als Ersatz für den «Luftweg» kann das Postauto genutzt werden: Es fährt von Anfang Mai bis Ende Oktober jeweils am Mittwoch, Samstag und Sonntag sowie an Feiertagen ab Oberdorf/SO auf den beliebten Aussichtsberg.
- Jura-Planetenweg: Vom Kurhaus Weissenstein führt ein Planetenweg über die Hasenmatt bis Grenchenberg. Auf gut ausgebauten Wanderwegen lässt sich das Sonnensystem im Massstab 1:1 Milliarde erwandern.

Museum Schloss Waldegg
Waldeggstrasse 1
4532 Feldbrunnen-St. Niklaus

Tel. 032 627 63 63
info@schloss-waldegg.ch
www.schloss-waldegg.ch

Öffnungszeiten April bis Oktober Di/Mi/Do/Sa 14–17 Uhr, So 10–17 Uhr, November bis 23. Dezember So 10–17 Uhr

Eintritt Erwachsene CHF 6.–, Ermässigung für Schüler und Familien

Anreise öV ab Bhf. Solothurn mit dem Regionalzug bis St. Kathrinen, 10 Gehminuten zum Schloss Waldegg

Steinmuseum – Solothurn
In Stein gemeisselt

Solothurn ist seit alters her bekannt für sein Steinhandwerk. Kein Zufall also, dass sich hier das einzige Steinmuseum der Schweiz befindet.

Im Steinmuseum sind historische Steinmetzarbeiten aus kantonalen und städtischen Beständen zu sehen. Dazu gehören römische Grab-, Gedenk- und Weihesteine, Fenstersäulen aus der Renaissance, barocke Brunnensäulen sowie Steinfiguren aus diversen Epochen. «Steinige» Themen und verschiedene Facetten des Steinhandwerks werden verständlich dargestellt. Zu sehen sind auch Werkzeuge, die zum Abbau, Brechen und Bearbeiten des Kalksteins gebraucht werden.

«Solothurner Marmor» wird der weisse, aus den nahen Jurasteinbrüchen stammende Kalkstein genannt. Er war lange ein begehrter Exportartikel. Viele Häuser in der historischen Solothurner Altstadt sind aus diesem Material gebaut. Die beste Qualität, sie wurde auch für den Bau der St. Ursenkathedrale verwendet, stammt aus dem Steinbruch «Kreuzen». Auch die mächtigen Steinquadern, aus denen die barocken Schanzen und Wehrtürme der Ambassadorenstadt entstanden sind, kamen aus den regionalen Abbaugebieten.

Das Steinmuseum verfügt über eine Reihe moderner, interaktiver Installationen, über Tonbildschauen und Filme und ist auch für Jugendliche sehr interessant.

Als erstes Museum der Deutschschweiz wurde das Steinmuseum für Blinde umgestaltet. Die Exponate dürfen berührt werden; gleichzeitig erfährt der Besucher mit einem speziellen Audioguide Wissenswertes zu 11 Exponaten.

**Steinmuseum Solothurn
Hauptgasse 60
(neben Jesuitenkirche)
4500 Solothurn**

Tel. 032 621 00 53 (während den Öffnungszeiten) oder 032/623 38 26 (Museumleiter privat)
info@solothurn-city.ch
www.steinmuseum.ch

Öffnungszeiten
Mai bis Oktober
Di–Sa 14–17 Uhr, So 10–17 Uhr

Eintritt frei

Audiotour Audioguide Erwachsene CHF 5.–, Ermässigung für Schüler/Studenten/Lehrlinge/AHV

Anreise öV ab Bhf. Solothurn wenige Gehminuten

■ **Erlebnisreich**
Stein-Stadt-Rundgang: Mit einem im Museum und auch bei Region Solothurn Tourismus ganzjährig erhältlichen Audioguide wird der Stadt-Rundgang zum speziellen Erlebnis. Die Route führt zu elf Solothurner «Steindenkmälern», wovon einige original im Museum ausgestellt sind.

Verenaschlucht – Rüttenen
Pilgerstätte und Ausflugsort

Ein Platz voller Magie für Menschen, welche spirituelle Einkehr suchen. Schöner Ausflugsort für alle, die das Glück in der Nähe finden.

Zufall? In der seit dem Mittelalter meist bewohnten Einsiedelei bei Solothurn lebt seit 2009 erstmals eine Frau. Verena heisst sie, wie die fromme Thebäerin, die hier vor 1700 Jahren Zuflucht fand. Wie ihr Vorbild versucht Schwester Verena heute, eine spirituelle Ratgeberin zu sein, Menschen zu trösten und zu stärken. Doch die Verenaschlucht ist nicht nur Wallfahrtsort, sondern auch Touristenattraktion.
Ein gut ausgebautes Strässchen führt durch die felsige Schlucht. Nicht nur für fromme Pilger, auch für Familien hat der erste Blick auf die Lichtung mit den drei Gebäuden etwas Magisches.
Die Martinskapelle wurde 1663 anstelle eines bereits im 12. Jahrhundert bestehenden Kirchleins erbaut. Die dahinter liegende zweigeschossige Felshöhle soll der Heiligen als Wohnung gedient haben. Auf der anderen Seite steht eine weitere, ebenfalls in den Kalkstein hinein gebaute Kapelle. Und dann ist noch diese an ein Knusperhäuschen erinnernde Klause. Hier wohnt und wirkt die moderne Eremitin. Nach alter Tradition kommt die Burgergemeinde Solothurn für den Lebensunterhalt auf. Sie lebt, wie ihr Vorbild, ein anspruchsloses Leben.
Gemäss Legende kam Verena, die zwischen 260 und 320 n. Chr. gelebt haben soll, ihres Glaubens wegen ins Gefängnis und wurde nach ihrer Freilassung aus Salodurum (Solothurn) fortgewiesen. Auf einem flachen Stein sitzend, sei sie die Aare hinunter bis nach Koblenz gefahren. Auch dort habe sie missioniert und viele Wunder vollbracht, bevor sie nach Tenedo (Zurzach) weiterzog, wo sie nach ihrem Tod auch begraben wurde.

Einsiedelei St. Verena
4522 Rüttenen

Führungen Gesellschaft der Einsiedelei St. Verena auf Anfrage:
Tel. 032 622 73 78 / 032 623 16 61
info@einsiedelei.ch
www.einsiedelei.ch

Öffnungszeiten der Kapellen
Di–Do 10–16 Uhr
Fr–So 10–17 Uhr

Anreise öV ab Bhf. Solothurn mit Bus Nr. 4 (Endstation «Rüttenen» bis zur Haltestelle St. Niklaus

■ **Erlebnisreich**
- Die Verenaschlucht steht unter Natur- und Denkmalschutz (Landschaftsgarten von nationaler Bedeutung).
- Themenweg durch die Schlucht: Elf in Fels gehauene Gedenktafeln erinnern an Solothurner Persönlichkeiten aus der Zeit der Aufklärung und Industrialisierung.
- Von der Kirche St. Niklaus bis zur Kirche zu Kreuzen bestand einst ein im Jahr 1613 angelegter, später völlig verfallener Kreuzweg. Er wurde durch die Gesellschaft der Einsiedelei St. Verena als zeitgemässer Meditationsweg neu errichtet.

Bally Schuhmuseum – Schönenwerd
Schuhgeschichte auf Schusters Rappen

Da staunt die Damenwelt: Schuhe, nichts als Schuhe – Fussbekleidung aus drei Jahrtausenden!

Rahmengenäht und fast nicht zu ruinieren: Mehr als hundert Jahre lang waren Bally-Schuhe Aushängeschild für Schweizer Qualität. Bis die Firma in Spekulantenhände geriet und später an Ausländer verkauft wurde. Ausser dem Bally-Outlet und dem Schuhmuseum verbindet Schönenwerd heute nur noch wenig mit der Nobelmarke. Die Schönenwerder Industrialisierung wurde 1851 von Carl Franz Bally eingeläutet. Als leidenschaftlicher Sammler liess er auf der ganzen Welt nach speziellem Schuhwerk fahnden. Seine Nachfolger teilten diese Lust. So entstand im Laufe von über 120 Jahren eine der umfassendsten Sammlungen. Sie zeigt die Entwicklung von der archaischen Schutzbekleidung bis zum raffinierten Statussymbol oder zum modischen und erotischen Accessoire. Jedes Schuhpaar hat eine Geschichte: Die aus Palmblattstreifen geflochtenen Sandalen wurden vor mehr als 3000 Jahren in Ägypten hergestellt. Die purpurroten, mit Blattgold verzierten Schuhe gehörten einem oströmischen Fürsten. Gut beschuht waren und sind Berühmtheiten wie Goethe und die englische Queen Elizabeth II. Schuhmacher waren angesehene Leute und begründeten im Mittelalter das handwerkliche Zunftwesen. Viel Raum nimmt die Abteilung mit wertvollen Gefässen, Behältern und anderen Objekten in Schuhform ein. Solche Gegenstände wurden auch in frühgeschichtlichen Gräbern gefunden. Dekorationsgegenstände in Schuhform fand man im 18. und 19. Jahrhundert auch in den Salons und Boudoirs «besserer» Leute.

Schuhmuseum Bally zum Felsgarten
Oltnerstrasse 6
5012 Schönenwerd

Tel. 062 849 99 45
www.musesol.ch/museen/bally-schuhmuseum
www.schoenenwerd.ch/de/tourismus

Öffnungszeiten
Januar bis Mitte Juli und Mitte August bis Mitte Dezember. Öffentliche Führungen für Einzelpersonen am letzten Fr/Sa des Monats um 14 Uhr

Eintritt Einzelpersonen gratis Führungen für Gruppen bis max. 60 Personen nach tel. Vereinbarung 091 612 91 11

Anreise öV 5 Gehminuten ab Bhf. Schönenwerd

■ **Erlebnisreich**
Bally-Park: 1868 liess Firmengründer C.F. Bally das Paradies an der Aare als Erholungsraum für die Bevölkerung anlegen. Trotz diverser Umgestaltungen blieben viele romantische Gestaltungselemente bis heute erhalten. Auch die einem Brand zum Opfer gefallene Pfahlbauersiedlung wurde wieder aufgebaut.

Ballyana Sammlung – Schönenwerd
Als Fabriken die Welt veränderten

In der Ballyana Sammlung befinden sich Maschinen und Dokumente vom Aufbruch in ein neues Zeitalter bis zum Niedergang von gesellschaftsprägenden Industrien.

In der Frühzeit der Industrialisierung gehörte die Schweiz zu den führenden Nationen. Ganz vorn standen auch Unternehmer aus der Nordwestschweiz. Neben C. F. Bally gab es weitere Pioniere, die auf Maschinen setzten oder solche entwickelten, um – längst nicht zur Freude aller – die Handarbeit zu rationalisieren. Der Fortschritt liess sich schon damals nicht aufhalten. Industrielle Fabrik- und Heimarbeit prägte die Gesellschaft in weiten Teilen unseres Landes. Im Zentrum der Ballyana Sammlung steht die Firmen- und Familiensaga der Schönenwerder Industriellen-Dynastie. Ein wichtiger Teil sind Textil- und Schuhherstellungsmaschinen. Weitere Zeugen der bis ins 19. Jahrhundert zurückgehenden technologischen Entwicklung und Industriegeschichte werden laufend besuchergerecht aufbereitet. Dazu gehören Werkzeuge, Produktemuster, Werbemittel, Fotos u.a. Die reichhaltige Dokumentation enthält auch Akten und Objekte weiterer vorwiegend im Textilbereich tätiger Pioniere wie Herzog oder Herosé (Aarau), Matter (Kölliken) und Hüssy (Safenwil), die zur industriellen Entwicklung der Region beitrugen.

**Ballyana Sammlung
Industriekultur
Schachenstrasse 24
5012 Schönenwerd**

Tel. 062 849 91 09
stiftung@ballyana.ch
www.ballyana.ch

Öffnungszeiten
1. und 3. So des Monats,
14–17 Uhr

Eintritt Erwachsene CHF 10.–, Ermässigung für Kinder (10–18 Jahre), Gruppenführungen auf Anmeldung

Anreise öV 5 Gehminuten ab Bhf. Schönenwerd

Paul Gugelmann-Museum – Schönenwerd
Poetische Maschinen

Die ehemalige Kornschütte neben der Stiftskirche beherbergt einen einzigartigen Mikrokosmos von «poetischen Maschinen».

Allein schon das sorgfältig nach den Regeln der traditionellen Handwerkerkunst restaurierte Gebäude ist es wert, dass man genauer hinguckt. Es bildet den perfekten Rahmen für die kunstvoll zusammengefügten Messing-Skulpturen des 1929 geborenen Künstlers Paul Gugelmann. Doch erst wenn sie sich bewegen, kommt die technische Raffinesse, die Verspieltheit und der doppelsinnige Humor vieler dieser filigranen Kunstwerke richtig zur Geltung. Mit seinen «poetischen Maschinen» lädt Gugelmann, der einst zu den Stars der Bally-Schuh-Createure gehörte, zum Staunen, Schmunzeln und Nachdenken ein. Mit den ratternden, hämmernden, klopfenden, klingelnden, zwitschernden, musizierenden Kunstwerken nimmt er den tieferen (Unn)Sinn des Lebens und des menschlichen Tuns auf feinsinnige Art auf die Schippe. Schon mancher Besucher hat hier die längst verloren geglaubte kindliche Neugierde und den Spass am unverbildeten Spieltrieb neu entdeckt.

Paul Gugelmann-Museum
Schmiedengasse 37
(bei der Stiftskirche)
5012 Schönenwerd

Tel. 062 849 65 40
info@gugelmann-museum.ch
www.gugelmann-museum.ch

Öffnungszeiten
Mi, Sa, So 14–17 Uhr
an Feiertagen und während der Sommerferien geschlossen (s. Homepage)

Eintritt Erwachsene CHF 5.– (inkl. Führung), freier Eintritt für Kinder und Jugendliche bis 16 J., Gruppenführungen nach Anmeldung

Anreise öV ab Bhf. Aarau oder Olten mit dem Bus bis Haltestelle Zentrum – von hier wenige Gehminuten

■ Erlebnisreich
Gleich nebenan befindet sich die Stiftskirche mit dem Konventgebäude. Die im 11. Jh. auf einer Sandsteinkuppe als «Klösterlein Werith» erbaute Anlage gilt als ältester noch benutzter Sakralbau des Kantons Solothurn. Nach der Aufhebung des Stifts im Jahr 1874 kam sie in den Besitz der neu gegründeten und von C.F. Bally unterstützten christkatholischen Kirchgemeinde. Obwohl klein und bescheiden, strahlt der im mittelalterlichen Stil erhaltene Kreuzgang mit den vom Alter gezeichneten Säulen einen ganz besonderen Charme aus.

Henkermuseum – Sissach
Nichts für schwache Nerven

Das ehemalige Gefängnis von Sissach beherbergt ein Gruselkabinett mit Marterinstrumenten aus alten Zeiten.

Das Henkermuseum ist nichts für schwache Nerven. 1940 wurde der letzte Schweizer Bürger mit einer Guillotine geköpft. Zwei Jahre später wurde die Todesstrafe im Schweizer Zivilstrafrecht abgeschafft. Im Militärstrafrecht blieb sie bis 1992 verankert. Die von J.–I. Guillotin im ausgehenden 18. Jh aus «humanitären» Gründen entwickelte Original-Guillotine ist nicht das einzige im Museum ausgestellte Gruselobjekt. Mit Fesseln, Folterinstrumenten, Hinrichtungsutensilien, Bildmaterial und Geschichten wird in nüchternem, sachlichem Rahmen ein düsteres Kapitel des Schweizer Strafvollzugs gezeigt. Kaltes Grauen packt uns, wenn wir Bilder von Folter- und Hinrichtungsmethoden sehen, wie sie heute noch in vielen Ländern an der Tagesordnung sind. Solche Massnahmen waren auch in der Schweiz bis ins letzte Jahrhundert üblich. Da die wenigsten Kantone über ein festgeschriebenes Strafrecht verfügten, konnte selbst ein Diebstahl willkürlich mit dem Tod geahndet werden! Aufgrund einer Volksinitiative wurde die Todesstrafe 1879 in der Bundesverfassung verankert, obwohl sie von vielen Kantonen nach der Gründung des Schweizer Bundesstaats 1848 abgeschafft worden war.

**Henkermuseum
Kirchgasse 2
4450 Sissach**

Tel. 061 971 12 12 / 061 971 72 90
varry@bluewin.ch
www.henkermuseum.ch

Öffnungszeiten 1. und 3. So im Monat von 14–17 Uhr

Eintritt Erwachsene CHF 10.–, Ermässigung für Kinder (bis 16 J.), Gruppenführungen auf Anmeldung (Preis s. Homepage)

Anreise öV ab Bhf. Sissach ca. 5 Gehminuten

Goetheanum – Dornach
Manifestierte Lebensphilosophie

Das Goetheanum ist ein Kraftort für Menschen, die spüren, dass es mehr gibt zwischen Himmel und Erde, als wir sehen.

Das erste Haus des Weltzentrums der Allgemeinen Anthroposophischen Gesellschaft und der Freien Hochschule für Geisteswissenschaft fiel in der Silvesternacht 1922, nur zwei Jahre nach der Eröffnung, einem Brandanschlag zum Opfer. Von der grossartigen Holzkonstruktion mit orientalischen Doppelkuppeln gibt es nur noch Fotos. Für den Ersatzbau wählte Rudolf Steiner, Universalgenie und Begründer der Anthroposophie, die damals noch kaum bekannte Betonbauweise. Das eigenwillige Monument wurde 1928 eingeweiht, drei Jahre nach Steiners Tod. Es symbolisiert die anthroposophische Lebensphilosophie: massiv, geerdet und doch himmelwärts strebend – in sich selbst ruhend, aber offen für die Mysterien des allumfassenden Geistes. Im Innern herrschen weiche Kanten und Rundungen vor. Farben, Deckenmalereien und bunte Glasfenster verstärken die fast schwerelos wirkende Ambiance. Mit zwei Bühnen und diversen Veranstaltungsräumen ist das Goetheanum ein beliebter Ort für Tagungen und Konferenzen. Es gibt auch Führungen und ein reichhaltiges Kulturprogramm. Die organische Belebtheit im Innern deckt sich mit der der Umgebung: Das weitläufige Gelände wird nach biologisch-dynamischen Richtlinien bewirtschaftet.

**Goetheanum Dornach
Rüttiweg 45
4143 Dornach**

Tel. 061 706 42 42
info@goetheanum.ch
www.goetheanum.org

Öffnungszeiten
täglich 8–22 Uhr

Führungen Sa 14 Uhr
(Dauer ca. 80 Minuten)
Erwachsene CHF 20.–,
Ermässigung für Schüler/
Lehrlinge/Studenten, IV/
Senioren, Militär,
Kinder bis 10 J. gratis

Themenführungen mit
Anmeldung, Tel. 061 706 44 44,
fuehrungen@goetheanum.ch
(Preise s. Homepage)

■ **Erlebnisreich**
«Urfaust»: Die ungekürzte «Faust»-Fassung von Goethe wird seit 1938 regelmässig auf der Goetheanum-Bühne aufgeführt.

Schweizerhalle Salinen – Pratteln
Unser täglich Salz

«Weisses Gold» wird das Salz genannt. Es ist Würze, Lebensbaustein, Enteiser und vieles mehr.

Der menschliche Körper braucht täglich drei Gramm Salz. Mehr macht auf die Dauer krank. Knapp die Hälfte der jährlichen Salzförderung ist für den Winterdienst reserviert. 15 Prozent kommen als Speisesalz in den Handel. Der Rest wird industriell genutzt.

Früher wurde das Salz importiert und es war sehr teuer. Dank C. F. Glenck, der 1836 aufgrund einer von Geologieprofessor Merian verfassten Karte bei Pratteln auf ein riesiges Steinsalzlager im Muschelkalk stiess, gehört es heute zu den günstigsten Produkten. Es ist ein Geschenk des Urmeers, das vor 200 Millionen Jahren weite Teile unseres Landes bedeckte und hier riesige Salzschichten hinterliess. Im «Siedeverfahren» gewinnen die Rheinsalinen jährlich gegen 500 000 Tonnen Salz. Im Rahmen von Gruppenführungen können die Produktionsanlagen der im Besitz der Kantone stehenden «Vereinigten Schweizerischen Rheinsalinen» besichtigt werden. In Riburg wurde im Frühjahr 2012 mit dem zweiten Saldome® der grösste Kuppelbau (120 m) Europas eingeweiht. Ein Film zeigt dem Besucher von Schweizerhalle und Riburg den Produktionskreislauf «Vom Salzmeer bis zum fertigen Produkt».

**Schweizer Rheinsalinen AG
Schweizerhalle
Rheinstrasse 52
4133 Pratteln**

Tel. 061 825 51 51
besuch@saline.ch
www.rheinsalinen.ch
www.saline.ch

Besuchszeiten
Mo–Sa nach Vereinbarung

Besichtigung Salinen
1–60 Personen (ab 4. Schuljahr)

Besichtigung Salzkammer
1–30 Personen (ab 18 J.,
für Schulen ungeeignet)

Eintritt
Saline: Erwachsene CHF 5.–
(Schülergruppen bis 16 J. gratis),
Salzkammer: Erwachsene wochentags CHF 8.– , Samstag CHF 10.–, plus Pauschale pro Führung (s. Homepage)

■ **Erlebnisreich**
Salzladen Schweizerhalle
Salz aus aller Welt für Gourmets und Wellnessfans (beim Gasthof zur Saline)

Bohrhaus Nr. 6 in Rheinfelden
In der schwarzen Hütte im Kurpark ist eine kleine Ausstellung zum Thema Salz und zur Badekultur. Öffnungszeit: Mi/Fr/Sa 14–17 Uhr, Eintritt frei

Augusta Raurica – Augst
Römerstadt am Rhein

An bestimmten Tagen sind «Brot und Spiele» in Augusta Raurica noch heute Trumpf. Die antike Zentrumsstadt gehört zu den am besten erhaltenen römischen Siedlungen nördlich der Alpen.

«Erleben – erhalten – erforschen» heisst das Motto in der Metropole, die ihren Namen dem ersten römischen Kaiser und einem Keltenstamm verdankt, der hier zur Zeit von Christi Geburt ansässig war. Im Museum befinden sich über 1,5 Millionen Fundstücke. Zur antiken Anlage gehören eine Vielzahl römischer Gebäude wie das Rathaus (Curia), ein authentisch eingerichtetes Römerhaus, eine Taverne usw. Im Bühnentheater (2. Jh. n. Chr.) fanden 10 000 Menschen Platz, die Hälfte der damaligen Bevölkerung. Es wird noch heute für kulturelle Anlässe genutzt, während im Amphitheater Gladiatoren-Wettkämpfe durchgeführt werden. Auf dem weitläufigen, kantonsübergreifenden Areal, auf dem einst Werkstätten, Handelshäuser, Tavernen, Tempel und öffentliche Bäder standen, befinden sich heute mehr als 20 mit Infotafeln versehene Stationen. Für den ausgeschilderten stündigen «Spaziergang durch die Antike» gibt es iPods (d/f/e/i).
Bei Augst wurden bis heute 1582 Grabungen gemacht. Sich gezielt mit der römischen Erbschaft zu befassen, begann man im letzten Jahrhundert, wobei manchmal Kommissar Zufall mitspielte wie beim Fund des grössten Silberschatzes der Spätantike. Silberschatz, Götterstatuetten, Schmuckobjekte, Gebrauchsgegenstände u.a. beweisen, dass die 44 v. Chr. gegründete Siedlung beim Einfall der Alemannen eine wohlhabende Metropole war.

Römerstadt/ Museum Augusta Raurica
Giebenacherstrasse 17
4302 Augst

Tel. 061 816 22 22
mail@augustaraurica.ch
www.augustaraurica.ch

Öffnungszeiten März bis Oktober Mo 13–17 Uhr, Di–So 10–17 Uhr, November bis Februar Mo 13–17 Uhr, Di–So 11–17 Uhr, Aussenanlagen mit Tierpark täglich 10–17 Uhr (gratis)

Eintritt Museum/Römerhaus
Erwachsene CHF 7.–, Ermässigung bis 18 J., für Lehrlinge unter 26 J., Senioren, Schulen und Gruppen ab 10 Personen

Anreise öV Bus ab Basel-Aeschenplatz bis Haltestelle Augst, Bus ab Liestal bis Haltestelle Augst-Schwarzacker (2 Gehminuten bis Tierpark), 10 Gehminuten bis Museum; Regio ab Basel, Rheinfelden oder Brugg bis Kaiseraugst, ab hier 10 Gehminuten bis zum Museum; Schiff ab Basel oder Rheinfelden (nur Sommer, Auskunft Tel. 061 639 95 00)

■ **Erlebnisreich**
- Silberschatz: 1961 wurden 270 Objekte (Schalen, Teller, Tablette, Becher, Münzen. Besteck) aus reinem Silber gefunden, total 58 kg.
- Römischer Haustierpark: Die Gene der alten Haustierrassen lassen sich bis in die Antike zurückverfolgen.

Monteverdi Automuseum – Binningen
Von der Überholspur ins Museum

«Monteverdi» – der Name hat einen besonderen Klang; nicht der Komponist ist gemeint, sondern der Schweizer Autobauer.

So speziell die Ausstellungsobjekte, so exklusiv der Zutritt zum Monteverdi-Museum: Besuchen kann man es nur in Gruppen und auf Voranmeldung. Auf drei Etagen sind 70 Kunstwerke auf vier Rädern ausgestellt. Die von Peter Monteverdi entwickelte Automobil-Palette umfasst Formel-1-Boliden bis zu strassentauglichen Modellen. Nirgendwo sonst haben sich gemessen an der Einwohnerzahl im letzten Jahrhundert mehr Tüftler und Techniker im Autobau versucht als in der Schweiz. Bei einigen blieb es beim Prototyp. Andere wiederum konnten sich kürzere oder längere Zeit halten. Zu Letzteren zählte der 1998 verstorbene Peter Monteverdi. Seine erste Eigenkonstruktion soll der Tourenwagen-Pilot schon 1952 entwickelt haben. 1960 konzipierte er den für die Formel Junior ausgelegten MBM-Wagentyp, der in verschiedenen Rennsportklassen eingesetzt wurde. Unter der Bezeichnung «High Speed» produzierte Monteverdi ab 1967 eine Sportwagen-Reihe, die unter den finanzkräftigen Fans von zylinderstarken Wagen rasch Furore machte. Von 1976 bis 1984 stellte der 50-Mann-Betrieb dann noble Limousinen und luxuriöse Geländewagen in Kleinserien her. Die Ölkrise und strengere Sicherheitsanforderungen besiegelten 1982 das Aus des Schweizer Luxusfahrzeug-Herstellers. Danach verwandelte Monteverdi das 4000 m² grosse Werkstattgebäude in ein Museum für seine formschönen Kreationen.

Automuseum Monteverdi
Oberwilerstrasse 20
4102 Binningen

Tel. 061 421 45 45
www. monteverdi-automuseum.com

Anreise öV Tramlinie 2 / Bus 34 ab Bhf. Basel bis Haltestelle Binningen-Kronenplatz

■ **Erlebnisreich**
Sammlung von mehr als 11 000 Modellautos

Fondation Beyeler – Riehen
Besuch bei Warhol, Klee & Co.

Im Beyeler-Museum wird eine der bekanntesten Privatsammlungen der klassischen Moderne ins richtige Licht gerückt.

1997 wurde das von Stararchitekt Renzo Piano im Auftrag des inzwischen verstorbenen Galeristenpaares Beyeler erstellte Museum eingeweiht. Draussen die lärmige Durchgangsstrasse, die am Berowergut vorbeiführt, im 127 Meter langen Raum eine kontemplative Stille. Das indirekte Tageslicht, das durch das Glasdach fällt, unterstützt die spezielle Ambiance. Werke von Spät- und Postimpressionisten bis zu amerikanischen Expressionisten geben den Besuchern einen Einblick in die klassische Moderne des 20. Jahrhunderts aus dem Fokus des Galeristenpaares. Mit vielen Künstlern, von Cézanne bis Warhol, waren die Museumsstifter befreundet. Eine weitere Sammelleidenschaft galt der Stammeskunst aus Afrika, Ozeanien und Alaska. Auch nach ihrem Tod – Ernst Beyeler starb 2010, seine Frau Hildy zwei Jahre früher – wird die Kollektion laufend durch Werke renommierter Künstler ergänzt. Sie umfasst weit über 200 Gemälde und Skulpturen. Aufsehen erregende Wechselausstellungen mit Werken, welche die ständige Sammlung ergänzen oder mit ihr in Dialog treten, sorgen Jahr für Jahr für neue Besucherrekorde.

Fondation Beyeler
Baselstrasse 101
4125 Riehen

Tel. 061 645 97 00
info@fondationbeyeler.ch
www.fondationbeyeler.ch

Öffnungszeiten ganzjährig, inkl. Feiertage, täglich 10–18 Uhr, Mi 10–20 Uhr

Eintritt Erwachsene CHF 25.–, Ermässigung für Jugendliche (11–19 J.) und Studenten (bis 30 J.), Kinder bis 10 J. gratis, weitere Vergünstigungen s. Homepage

Anreise öV ab Bhf. SBB Basel (Tramlinie 2) bis Badischer Bahnhof, ab hier Tramlinie 6 bis Haltestelle «Fondation Beyeler». Oder Bahn ab Bhf. Basel SBB über Badischer Bhf. bis Station Riehen (ab hier ca. 5 Gehminuten)

■ **Erlebnisreich**
Im englischen Landschaftspark, wo Christo und seine Frau Jeanne-Claude vor Jahren den alten Baumbestand verhüllten, sind wechselnde, frei zugängliche Sonderausstellungen zu sehen.

Basler Münster
Ein Jahrtausendbauwerk

Rote Sandsteinquadern und farbige Ziegeldächer machen das Basler Münster zu einem der schönsten historischen Bauwerke am Rhein.

Schon die Kelten hatten die Terrasse hoch über dem Rhein zum Wohnen auserkoren. Später war am gleichen Ort ein römisches Kastell. Die ältesten Nachweise einer christlichen Kirche stammen aus der Karolinger Zeit (1. Hälfte 9. Jh.). Beim Münster konnten drei Bau- und Erweiterungsepochen nachgewiesen werden. Fertig gestellt wurde das aus rötlichem Schwarzwald-Sandstein erbaute Münster erst um 1500. Diese lange Bauzeit, die zum Teil auch auf das verheerende Erdbeben von 1356 zurückzuführen ist, lässt sich an den verschiedenen Baustilen ablesen. Zu den ältesten noch sichtbaren Elementen in der Kirche gehört das Drachenmedaillon (um 1170 gefertigt), das auf dem Boden unterhalb der Kanzel eingelassen ist. Einzigartig sind die virtuosen Steinmetzarbeiten. Das «biblische Weltengericht» an der Gallus-pforte zählt zu den bedeutendsten romanischen Kunstwerken der Schweiz. Aussergewöhnlich sind die frühgotischen rad- und rotationsymmetrischen Masswerkfenster, welche nach dem Erdbeben eingebaut wurden. Blieben beim Davidstern die prägenden Elemente aus Eichenholz bis heute erhalten, wurde die Nabe des Glücksrads später durch Stein ersetzt. Die im neoromanischen und gotischen Stil erstellten Glasmalereien stammen grösstenteils aus dem 19. Jahrhundert.

Münster Basel
Münsterplatz 9
4051 Basel

Tel. 061 272 91 57
accueil.muenster@erk-bs.ch
www.muensterbasel.ch
www.baslermuenster.ch

Öffnungszeiten
Sommerzeit
Mo–Fr 10–17 Uhr, Sa 10–16 Uhr,
So/Feiertage 11.30–17 Uhr
Winterzeit
Mo–Sa 11–16 Uhr,
So/Feiertage 11.30–16 Uhr
(Abweichungen s. Homepage).
Die Türme sind während den Münster-Öffnungszeiten zugänglich.

Eintritt Kirche frei,
Türme CHF 4.–

Kirchenführung: auf Anfrage
touristische Führungen:
Basel Tourismus
(Tel. 061 268 68 68,
info@basel.com,
www.basel.com)

Anreise öV Tram 3 / 6 / 8 / 11 / 14 / 15 / 16 / 17 ab Bhf. Basel bis Haltestelle Barfüsserplatz

■ **Erlebnisreich**
- Grabmal von Königin Anna (1225–1281), Gattin von Rudolf, der den Grundstein zur Habsburger Dynastie legte
- Der Münsterplatz wird auf drei Seiten von ehemaligen Domherrenhäusern mit Fassaden im Barockstil begrenzt.

Zoologischer Garten – Basel
Eine «tierische» Pionierleistung

Im ältesten Zoo der Schweiz leben rund 4000 Tiere – ein faszinierendes Erlebnis mitten in der Stadt.

Affen gehören seit jeher zu den Lieblingen der Zolli-Besucher. 2010 hat die rund 60-köpfige Javaneraffen-Horde auf der «Affeninsel» ein neues, naturnah gestaltetes Zuhause erhalten. Nach neuesten Erkenntnissen ist auch das Primatenhaus, in dem Gorillas, Schimpansen und Orang Utans ein Klima wie im afrikanischen Dschungel vorfinden. Zu den weiteren Highlights gehören thematisch gegliederte Bereiche mit Innen- und Aussenanlagen, wie das Etoscha-Haus, welches das Zusammenleben von verschiedenen in der afrikanischen Savanne heimischen Tierarten ermöglicht. Neben Grosstieren wie Löwen und Geparden leben hier Erdmännchen, Heuschrecken und anderes Getier. In der Australis-Anlage begegnen wir Riesenkängurus, Buschhühnern, Geckos und anderen Lebewesen von Down Under. Faszinierend ist auch die in Vivarien und Terrarien zu entdeckende Fauna.

Die älteste zoologische Einrichtung der Schweiz (1874) bietet vielen «wilden» Tieren einen möglichst artgerechten Lebensraum. Spektakuläre Zuchterfolge seltener und bedrohter Arten beweisen, dass sie sich hier wohlfühlen. Eine Sensation in der parkartigen Landschaft mit den vielen Wasserflächen war beispielsweise die erste Rosaflamingo-Aufzucht. Der Bestand hat sich inzwischen zu einer der grössten Zoo-Populationen entwickelt, und der Zolli gilt inzwischen längst als internationales Kompetenzzentrum für Flamingo-Forschung.

Zoo Basel
Binningerstrasse 40
4011 Basel

Tel. 061 295 35 35
zoo@zoobasel.ch
www.zoobasel.ch

Öffnungszeiten ganze Woche Januar/Februar 8–17.30 Uhr, März/April 8–18 Uhr, Mai bis August 8–18.30 Uhr, September/Oktober 8–18 Uhr, November/Dezember 8–17.30 Uhr

Eintritt Erwachsene CHF 18.–, abgestufte Ermässigung (6–15, 16–25 Jahre), IV/Senioren und Familien mit Kindern unter 20 Jahren

Besonderes am Montag (ausser an Feiertagen) reduzierte Eintrittspreise in allen Kategorien

Anreise öV ab Bhf. Basel mit Tramlinie 10 / 17 bis Station Zoo, mit Tramlinie 1 / 8 bis Haltestelle Zoo-Bachletten, mit Tramlinie 2 oder Bus 34 bis Haltestelle Zoo-Dorenbach, ab Bahnhof SBB 5–10 Gehminuten

▶ **Erlebnisreich**
- Streicheln und pflegen: Kinder können im Kinderzoo bei der Pflege mithelfen.
- Lange Erlen: Parkartiges Gelände in Kleinbasel mit altem Baumbestand und Wildtieren, vom Alpenschneehuhn über Feldhasen bis zum Hirsch und zu den Wasservögeln (freier Eintritt)

Kunstmuseum – Basel
Bildersammlung der Superlative

Basel: Nabel der Kunstwelt? Die Stadt besitzt neben der ältesten öffentlichen Kunstsammlung der Welt auch die umfangreichste Bilder-Kollektion der Holbein-Familie und von Arnold Böcklin.

Malerei war schon im Mittelalter ein wichtiges Kulturgut. Doch nur wenigen war zugänglich, was in Privathäusern an die Wände gehängt oder gemalt wurde. Basel und seine Universität, schon damals für ihre Weltoffenheit und den humanistischen Geist bekannt, legten im Jahre 1661 mit dem Kauf des Amerbach-Kabinetts den Grundstein für die erste öffentlich zugängliche Kunstsammlung der Welt. Die von Basilius Amerbach systematisch aufgebaute Privatsammlung umfasste neben dem Nachlass des Erasmus von Rotterdam und einer wertvollen Bibliothek auch Gemälde, die teils aus der Zeit vor der Reformation stammen.
Das Kunstmuseum ist in zwei Bereiche gegliedert: In der Galerie sind die Alten Meister aus dem 15. Jh. bis zur Moderne. Dazu gehört die weltgrösste Sammlung von Arbeiten der Holbein-Familie, die mit Lucas Cranach dem Älteren, Konrad Witz und anderen zu den wichtigsten Künstlern der Renaissance zählt (15./16. Jh.). Einzigartig ist die Werksammlung des Baslers Arnold Böcklin.
Die Epoche 19./20. Jh. ist mit weiteren Schweizern, Deutschen und wichtigen Protagonisten der französischen Malerei sowie amerikanischer Kunst ab 1950 gut vertreten.
Im Kupferstichkabinett befindet sich eine beeindruckende Sammlung von mehr als 300 000 Handzeichnungen, Aquarellen und Druckgraphiken (15. bis 21. Jh.). Zu den Kostbarkeiten gehören u. a. fünf Skizzenbücher von Paul Cézanne sowie Zeichnungen von Albrecht Dürer.

Kunstmuseum Basel
St. Alban-Graben 16
4010 Basel

Tel. 061 206 62 62
www.kunstmuseumbasel.ch

Öffnungszeiten
Di–So 10–18 Uhr, Öffnungszeiten Sonderausstellungen/ Feiertage (s. Homepage), öffentlichen Führungen/ private Gruppen (s. Homepage)

Eintritt Erwachsene ab 20 J. CHF 15.– (Sonderausstellungen CHF 21.–), Reduktion Jugendliche (13–19 J.) und Studenten (20–30 J.)
Kombitickets Kunstmuseum und Museum für Gegenwartskunst: Erwachsene ab 20 J. CHF 25.–. Audioguide für Sammlung/Sonderausstellungen erhältlich

Anreise öV ab Bhf. Basel Tram 2 bis Haltestelle Kunstmuseum

■ Erlebnisreich
- Museum für Gegenwartskunst: zeitgenössische Kunst mit Arbeiten von Baldessari bis Zaugg im angegliederten Museum für Gegenwartskunst am St. Alban-Rheinweg 60 (geöffnet Di–So 11–18 Uhr)

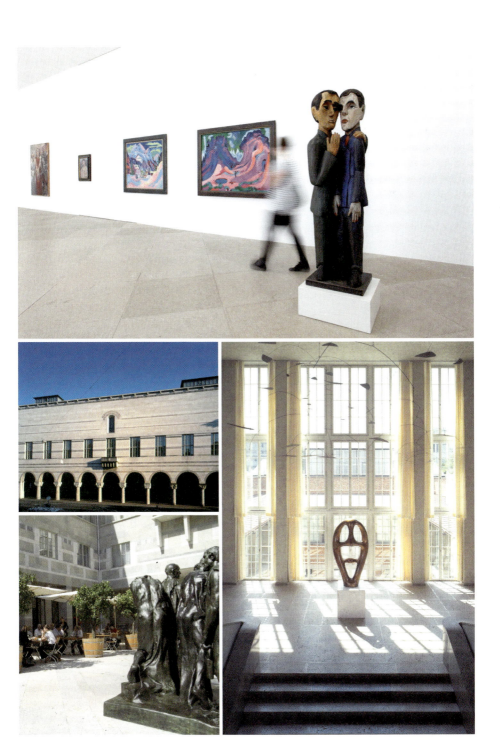

Merian Gärten – Basel
Botanischer Garten mit Biolabel

Die Merian Gärten mit Biotopen und Pflanzenbeständen sind für Natur- und Gartenfreunde ein interessanter Exkursionsort und für die Basler ein beliebtes Naherholungsgebiet.

Eben noch im Stadtgetümmel und schon mitten im Grünen: Der zweite Botanische Garten der Stadt Basel beginnt gleich neben dem St. Jakob-Parkhaus. Die Anlage war Teil der «Grün 80». Gepflegte Parklandschaften mit alten Baumbeständen, Wiesen, Waldbereiche, Quelltümpel, Feucht- und Trockenbiotope bieten vielen Pflanzengesellschaften Lebensraum. Schon früh im Frühling beginnt es zu blühen. Das «Rhododendrontal» unweit des Seenbereichs wird zum verwunschenen Blütenmeer. Kübelpflanzen, die den Winter in den Gewächshäusern überdauern, sorgen bei den historischen Gebäude-Ensembles für südliches Flair. Die im 19. Jh. in frühklassizistischem Stil umgebaute Merian-Villa spiegelt sich im Fischteich. Bei den Wirtschaftsgebäuden in der Talebene werden Blumen, Gemüse und Kräuter nach biologischen Richtlinien angebaut.
Als Christoph Merian 1824 seine Margaretha Burckhardt heiratete, erhielt er von seinen Eltern das Hofgut Unterbrüglingen als Hochzeitsgabe. Weil das Paar keine Nachkommen hatte, vermachte der erfolgreiche, sozial eingestellte Agronom das 1350 Aren grosse Anwesen später seiner Vaterstadt mit der Auflage, dass es zum Wohl von Menschen in Not, zur Förderung einer gesunden Umwelt, von Lebensqualität und Kultur in Basel zu nutzen sei. 1968 erhielt der Verein «Freunde des Botanischen Gartens in Brüglingen» das Gelände samt Gebäulichkeiten für die Dauer von 100 Jahren unentgeltlich zur Verfügung gestellt.

Merian Gärten Brüglingen
Vorder Brüglingen 5
4052 Basel

Tel. 061 319 97 80
meriangaerten@
merianstiftung.ch
www.bogabrueglingen.ch

Öffnungszeiten
ganzjährig täglich von
8 Uhr bis zum Eindunkeln

Eintritt frei

Anreise öV ab Bhf. Basel mit Tramlinie 10 / 11 bis Station Dreispitz (Westeingang). Ab Badischer Bhf. mit Buslinie 36 bis Stadion St. Jakob (Nordeingang)

■ **Erlebnisreich**

- 2011 erhielten die Merian Gärten als erster Botanischer Garten Europas das Biolabel. Bauernhof, Landschaftsgärtnerei und Zierpflanzenproduktion werden nach Bio-Richtlinien geführt.
- In der Merian-Scheune ist die Kutschen- und Schlittensammlung des Historischen Museums Basel untergebracht (geöffnet Mi/Sa/So 14–17 Uhr, Eintritt frei).
- Mühlemuseum ganzjährig offen, jeweils ab 9 Uhr bis zum Eindunkeln; Eintritt frei
- Stiftung im Grünen: Im Anschluss befindet sich der Park im Grünen mit den grossen Teichlandschaften.

Bierbrauerei Feldschlösschen – Rheinfelden
Trunk aus dem schönsten Sudhaus der Welt

Von aussen wie ein Schloss, im Innern wie eine Kathedrale – hier wird seit 1876 Bier gebraut.

Maischen, Brauen, Gären, Lagern – diese Kunst beherrscht man in Rheinfelden seit mehr als 130 Jahren in Perfektion. Damals taten sich ein vifer Brauergeselle und ein reicher Landwirt aus dem Fricktal zusammen und bauten eine leer stehende Fabrik zur Brauerei um. Als Kollektivgesellschaft «Wüthrich & Roniger, Brauerei zum Feldschlösschen» begannen sie 1876 Bier zu brauen. An den Ingredienzen für den beliebten Durstlöscher hat sich nichts geändert: quellfrisches Magdener Wasser, bestes Malz und würziger Hopfen. Doch die Tradition wurde schon früh mit modernster Technologie kombiniert.
Das Feldschlösschen-Ensemble mit der pseudohistorischen Burgenarchitektur, das dank Logo und Werbung in der ganzen Schweiz bekannt ist, steht unter Denkmalschutz. Ein optisches Highlight ist auch das 1909 erbaute, im Art-Deco-Stil ausgestattete Sudhaus, in dem heute rund ein Drittel der gesamten Schweizer Bierproduktion gebraut wird. Weit mehr als das unverkennbare Äussere interessiert Bierliebhaber, was hinter den Mauern passiert.
Auf einem knapp 2-stündigen Rundgang kann der Produktionsweg mitverfolgt werden. Nicht fehlen darf natürlich der gemütliche Umtrunk zum Abschluss, bei dem die verschiedenen im «Feldschlösschen» produzierten Biersorten zapffrisch degustiert werden können.

Bierbrauerei Feldschlösschen Visit Center
Theophil-Roniger-Strasse
4310 Rheinfelden

Tel. 0848 125 000
info@feldschloesschen.com
www.feldschloesschen.ch

Besichtigung (Gruppen ab 15 Personen) Mo–Fr und 1. und 3. Sa im Monat, jeweils morgens (ohne Feiertage), kleinere Gruppen/Einzelpersonen können sich einer Besuchergruppe anschliessen.

Eintritt CHF 12.– pro Person

Anreise öV ab Bhf. Rheinfelden knapp 10 Gehminuten

Erlebnisreich
Brauereipferde: In den Stallungen stehen sechs stämmige «Belgier», welche bei Umzügen sechsspännig vorfahren. In Rheinfelden wird das Feldschlösschen-Bier fast täglich von einem Zweiergespann ausgeliefert.

Sauriermuseum – Frick
Dinos aus der Tongrube

«Jurassic-Park» gab es einst auch in der Schweiz. Prunkstück des Sauriermuseums Frick ist das Skelett eines 4,5 Meter langen Plateosaurus.

Sauropoden lebten vor 220 Millionen Jahren. Vor 65 Millionen Jahren starben sie aus. Eine der ergiebigsten Fundstellen in Europa befindet sich in der Tongrube in Frick. Im Sauriermuseum erfahren wir mehr über unsere urzeitlichen Vorbewohner. Hauptattraktion ist ein komplettes Plateosaurus-Relief, ein Puzzle aus Skelettstücken von drei Dinos. Auch Raubdinos trieben sich zur Trias-/Jura-Zeit in dieser Gegend herum. Die hier gefundenen Fragmente eines vermutlich zur Art der Coelophysidae gehörenden Tieres gelten in Europa als paläontologische Sensation. Wissen Sie, was der Fleischfresser zuletzt verspeist hat? Eine kleine Brückenechse! Wertvolle wissenschaftliche Erkenntnisse liefern auch die Schädelknochen eines delfinähnlichen Fischsauriers und die Überbleibsel einer Schildkröte. Daneben zeigt das Museum unzählige versteinerte Meerestiere. Fast so spannend wie ein Krimi ist die Entdeckungsgeschichte der Fricker Fossilien, was mit einer Video-Schau und einem Film dokumentiert wird.

Sauriermuseum Frick
Schulstrasse 22
5070 Frick

Tel. 062 865 28 06
dino@sauriermuseum-frick.ch
www.sauriermuseum-frick.ch

Öffnungszeiten
So 14–17 Uhr
Gruppenführungen ausserhalb Öffnungszeit nach Anmeldung (Tel. 062 871 53 83)

Eintritt Erwachsene: CHF 4.–, Schüler: CHF 2.–

Anreise öV ab Bhf. Frick ca. 10 Gehminuten

Erlebnisreich

Dino-Lehrpfad
Vom Sauriermuseum bis zu den Gruben der Tonwerke Keller AG, mit acht Infostationen

Fossiliensuche
Auf dem «Klopfplatz» gibt es Gesteinsbrocken, die vielleicht urweltliche Versteinerungen enthalten. Das gekennzeichnete Areal ist jederzeit ohne Anmeldung zugänglich. Von Juni bis Oktober führt der Paläontologische Arbeitskreis Frick fachkundig betreute Erlebnissonntage durch (in der Regel am 1. So im Monat).

Aargauer Kunsthaus – Aarau
Auf Gegenwartskunst spezialisiert

Umfassend wie kaum ein anderes Museum dokumentiert die Sammlung des Aargauer Kunsthauses die Entwicklung der Schweizer Malerei der letzten beiden Jahrhunderte bis zur Gegenwart.

Klein aber fein: Das Aargauer Kunsthaus ist ein Tipp für Liebhaber der neueren Kunst. Zur Sammlung gehören Künstler wie Böcklin, Giacometti, Amiet oder der Aargauer Caspar Wolf. Gut vertreten sind Exponenten der konstruktiven und konkreten Kunst der frühen Moderne und der abstrakten Malerei aus der Nachkriegszeit und erweiterte Kunstformen bis zur Gegenwart: Highlights sind Werke von Sophie Taeuber-Arp, Camille Graeser, Verena Loewensberg, Roman Signer und Thomas Hirschhorn. Fotografien und Zeichnungen junger Schweizer Künstlerinnen und Künstler finden sich im «Graphischen Kabinett» und in der «Gegenwartsgalerie». 1860 wurde der Aargauische Kunstverein gegründet. Seine Sammeltätigkeit richtete sich gezielt auf das zeitgenössische Schaffen, wobei zu Beginn vor allem Schweizer Künstler berücksichtigt wurden. Durch Schenkungen und Dauerleihgaben wurde das Spektrum erweitert. Heute gilt die Kollektion des Aargauer Kunsthauses als wichtigste öffentliche Sammlung von Schweizer Kunst ab dem 18. Jahrhundert bis zur Gegenwart.
Der Raumknappheit des 1959 eröffneten Kunsthauses wurde 2003 mit einem sich ganz in den Dienst der Kunst stellenden, von den Stararchitekten Herzog & de Meuron konzipierten Erweiterungsbau begegnet. Mit Wechselausstellungen, Neupräsentationen und vielen Begleitveranstaltungen bietet das Kunsthaus bereits bekannten Künstlerinnen und Künstlern sowie Nachwuchstalenten aus dem In- und Ausland eine vielbeachtete Plattform.

Aargauer Kunsthaus
Aargauerplatz
5001 Aarau

Tel. 062 835 23 31
kunsthaus@ag.ch
www.aargauerkunsthaus.ch

Öffnungszeiten
Di–So 10–17 Uhr, Do 10–20 Uhr, Öffnungszeiten an Feiertagen (s. Homepage)

Eintritt Erwachsene CHF 15.–, in Ausbildung Ermässigung (bis 26 Jahre), Kinder (bis 16 Jahre) und Aargauer Schulklassen gratis

Anreise ab Bhf. Aarau ca. 5 Gehminuten

■ **Erlebnisreich**
Kunstvermittlung für Kinder, Erwachsene, Familien und Schulen: KunstPirsch, KunstAusflug, KunstTreffen u. a.
www.kunst-klick.ch

Schlossdomäne Wildegg
Einen Silberfranken für Julies Erbe

Schlecht hatte es die Landjunker-Familie nicht, wie das stilvolle Wohnmuseum zeigt. Ein sinnliches Erlebnis ist der von Pro Specie Rara gehegte Nutz- und Lustgarten.

Einen Silberfranken zahlte der Kanton Aargau im Jahr 2011 dem Bund für das Vermächtnis der Julie von Effinger. Jetzt, wo die verwitterten Gemäuer mit einem neuen Aussenverputz versehen sind, wird augenfällig, wie hoch das Bauwerk ist – acht Stockwerke vom Vorratskeller bis zum Fechtsaal unter dem Dach. Von den Habsburgern um 1200 gegründet, wurde die Wildegg 1483 von der Familie von Effinger gekauft und während rund 500 Jahren bewohnt. Sein heutiges Aussehen verdankt der Landjunker-Sitz diversen im Lauf der Jahrhunderte vorgenommenen Aus- und Umbauten. Die Originalmöblierung stammt weitgehend aus der Zeit zwischen dem 17. und 19. Jahrhundert. Es zeigt den Wohnstil wohlhabender Menschen, die, wie die von Effinger, eher bescheiden lebten und beim Volk grosses Ansehen genossen.

Auf der grossen, eingefriedeten Terrasse unterhalb des Schlosses befindet sich die barocke Gartenanlage. In Zusammenarbeit mit der Pro Specie Rara (www.prospecierara.ch) ist das 33 Aren grosse Paradies zu einem Eldorado für alte, fast vergessene Kulturpflanzen geworden. Die Bepflanzung des vielfältigen Schaugartens steht jedes Jahr unter einem anderen Thema. Auf den botanischen Entdeckungsreisen – ob auf eigene Faust oder mit einer versierten Führerin – erfährt man viel Wissenswertes über seltene Gemüsesorten, Blumen, Heilpflanzen oder Getreidearten.

**Schloss Wildegg
Effingerweg 5
5103 Wildegg**

Tel. 062 887 12 30
schlosswildegg@ag.ch
www.schlosswildegg.ch

Öffnungszeiten Schloss und Garten April bis Oktober, Di–So und Feiertage 10–17 Uhr

Eintritt Schloss/Garten/Park/Nebengebäude Erwachsene CHF 10.–, Ermässigung für Kinder (6–16 J.), Lehrlinge/Studenten (bis 26 J.), Senioren, Gruppen, Familientickets

Eintritt nur Garten/Park/Nebengebäude Erwachsene CHF 7.–, Kinder 6–16 J. CHF 2.–

Schlosspass Museum Aargau Erwachsene CHF 27.–, Ermässigung (s. o). 1 Jahr gültig ab erstem Museumsbesuch in den Schlössern Hallwyl, Lenzburg, Wildegg und Habsburg.

Anreise öV ab Bhf. Lenzburg oder Bhf. Wildegg Bus bis Haltestelle Schloss Wildegg (ca. 6 Gehminuten bis Schloss), ab Bhf. Wildegg ca. 15 Gehminuten

■ Erlebnisreich
- Der traditionelle Setzlingsmarkt von Pro Specie Rara ist am ersten Mai-Wochenende.
- Am Sonntag führen Fachleute von Juni bis September um 11, 12, 14 und 15 Uhr durch den Pro-Specie-Rara-Nutzgarten (Infotel 084 887 12 00).

Schloss Lenzburg
«Fauchi» und andere Schlossgeister

Dienstherren von Königen und Kaisern, aber auch Berner Landvögte, der Polarforscher Ellsworth oder der Dichter Wedekind haben in diesem Schloss gewohnt.

Das Berner Wappen an der Nordfassade der imposanten Höhenburg täuscht, stammen doch die ältesten Teile aus der Zeit der Grafen von Lenzburg, deren Geschlecht 1173 ausstarb. Auch die nachmaligen Besitzer – Staufer, Kyburger, Habsburger – konnten die Stammlande nicht lange halten. Am längsten dauerte die Herrschaft der Berner, welche den Aargau von 1433 bis 1798 verwalteten. In dieser Zeit gab es auf dem Schlosshügel umfangreichen Bauarbeiten, die die Anlage bis heute prägen. Das Schloss Lenzburg wird seit 1987 vom Kanton Aargau als historisches Museum geführt. Die Sammlung umfasst rund 40 000 Objekte. Sie gehören teils dem Staat, teils stammen sie aus privatem und öffentlichem Besitz. Es gibt fünf Schwerpunkte: Das Wohnmuseum bietet einen interessanten Einblick in die Wohnkultur der Schlossbewohner vom Spätmittelalter bis ins 19. Jahrhundert. In der Waffengalerie befinden sich unter anderem zwei Schwerte, welche die Eidgenossen den Habsburgern bei der Schlacht von Sempach abnahmen. Hühnerhaut kriegt man in den Kerkerräumen, wo neben Gaunern auch viele Unschuldige einsassen. In weiteren Bereichen werden sakrale Kunstwerke und die Esskultur des 18. Jahrhunderts dargestellt. Im Dachgeschoss der Landvogtei ist das «Kinderreich» untergebracht. Dort wohnt «Fauchi», das Drachenkind, dessen Mutter vor Urzeiten das ganze Land in Furcht und Schrecken versetzt haben soll. Im südwestlichen Teil der Schlossanlage befindet sich eine zauberhafte französische Gartenanlage.

**Schloss Lenzburg
Museum Aargau
5600 Lenzburg**

Tel. 062 888 48 40
schlosslenzburg@ag.ch
www.schloss-lenzburg.ch

Öffnungszeiten April bis Oktober Di–So und Feiertage 10–17 Uhr

Eintritt Erwachsene CHF 12.–, Ermässigung Kinder (4–16 J.), Lehrlinge/Studenten (bis 26 J.), Eintritt nur Ritterhaus/Hof/Garten: Erwachsene CHF 4.–, Ermässigung (s. oben)

Kollektiveintritt ab 15 Personen, Familienticket

Schlosspass Museum Aargau
1 Jahr gültig für die Schlossmuseen Habsburg, Hallwyl, Lenzburg und Wildegg: Erwachsene CHF 27.–, Ermässigung (s. oben) (www.museumaargau.ch)

Anreise öV Bhf. Lenzburg, Regionalbus bis Schlossparkplatz (ca. 10 Gehminuten) oder Haltestelle Burghalde (15 Gehminuten); ab Bhf. ca. 30 Gehminuten

■ **Erlebnisreich**
Für ein paar Stunden Ritter oder Prinzessin spielen? Das Veranstaltungsprogramm verspricht spannende Erlebnisse für Gross und Klein. Es finden regelmässig hochstehende musikalische und theatralische Anlässe statt.

Kloster Muri
«Herzzentrum» der Habsburger

In der Habsburger-Gruft ruht das letzte österreichische Kaiserpaar Karl I. und Zita. Die barocke Klosterkirche ist vielen auch der hochstehenden Konzertzyklen wegen ein Begriff.

Es gilt als erste religiöse Stiftung der nachmaligen Habsburger-Dynastie. Dass das Kloster Muri ein Werk von Jahrhunderten war, ist in der auf das Jahr 1027 zurückgehenden Kirche am augenfälligsten. Die Hallenkrypta unter dem Chorraum ist der älteste Teil des von Radbot und seiner Frau Ita gestifteten Benediktinerklosters. Der Kirchenraum mit gotischem Hochchor erhielt Ende 17. Jahrhundert seinen barocken Zentralbau mit dem kuppelüberwölbten Oktogon. Gekonnt eingefügte Fenster, Rundbögen, ein heller Verputz, farbenfrohe Kuppelmalereien und viel Gold verleihen der Klosterkirche etwas überirdisch Heiteres. Von dem im ausgehenden 18. Jh. geplanten Repräsentationsbau wurden nur noch der 222 m lange Osttrakt und der südliche Querflügel realisiert. Die französische Okkupation und die Klosteraufhebung im Jahr 1841 stoppten den weiteren Ausbau. Mitte letztes Jahrhundert wurden die drei noch vorhandenen Kreuzgangflügel restauriert und die einzigartigen, nach der Klosteraufhebung entfernten Renaissance-Glasfenster wieder eingesetzt. Die Loreto-Kapelle mit der Familiengruft der Habsburger ist vom Kreuzgang her zugänglich. Neben den einbalsamierten Herzen des letzten österreichischen Kaiserpaars Karl I. und Zita von Bourbon-Parma haben hier auch weitere Habsburger ihre letzte Ruhestätte gefunden.

Kloster Muri
5630 Muri

info@klosterkirche-muri.ch
www.klosterkirche-muri.ch
www.murikultur.ch

Klosterführungen, ganzjährig
056 664 70 11
muri.info@muri.ch

Öffnungszeiten Kirche
ganzjährig, täglich. Krypta und Hochchor können nur bei einer Führung besichtigt werden.

Öffnungszeiten Kreuzgang und Museen
März bis Oktober
Di–Sa 10–12, 13.30–17 Uhr
Mo und im Winter geschlossen

Eintrittspreise Kreuzgang mit Loreto-Kapelle, Caspar Wolf Kabinett und Klostermuseum: Erwachsene CHF 10.– inkl. iGuide, geführte Gruppen CHF 5.-, Kinder und Schulklassen gratis. iGuide-Führer sind beim Klosterkiosk oder bei MuriInfo erhältlich.

Anreise öV Regionalzug bis Muri, ab Bhf. wenige Gehminuten

■ **Erlebnisreich**
- historische Orgelanlage mit fünf Orgeln
- Caspar Wolf Kabinett: Bilder des Murianer Landschaftsmalers (1735–1783); wichtige Exponate der Vorromantik
- Klostermuseum

Kindermuseum Baden
Ein Haus voller Spielsachen

Das Schweizer Kindermuseum Baden ist eine Wundertüte – jedes der zwanzig Zimmer in der verwinkelten Villa beherbergt Spiele und Spielzeuge aus drei Jahrhunderten.

Spielen ist mehr als Zeitvertreib: Das 1985 von Sonja und Roger Kaysel gegründete Kindermuseum ist nach entwicklungspädagogischen Kriterien aufgebaut. Die ersten frühkindlichen Entwicklungsschritte sind: staunen, entdecken, zuordnen, benennen, eigene Erfahrungen machen. In der Schule wird dieses Spektrum erweitert und systematisch geordnet. Das Museum zeigt die Kinderwelt im Rückblick und in der Gegenwart. Es befasst sich aber auch mit der Frage, was Kinder auf ihrem Weg in die Zukunft brauchen. Von den unzähligen Möglichkeiten fühlt sich Jung und Alt gleichermassen angesprochen.

Zu entdecken gibt es Spiele, Spielzeuge, Kinderbücher und Lehrmittel aus drei Jahrhunderten. Mit speziellen Themen befassen sich die «Kabinette». Im physikalischen Kabinett (Lehrmittelsammlung) gibt es Geräte zum Experimentieren. Das Naturalienkabinett bietet Einblick in die Welt von Mensch und Tier, während im ethnografischen Kabinett in fernen Ländern gebräuchliches Spielzeug gezeigt wird. In der Theater-Wunderkammer regen Magie, Zauberei, Schattenspiel, Kasperli- und Papiertheater die Fantasie an. Die Dauerausstellung beschäftigt sich mit aktuellen Themen, welche Familie, Erziehung, Kindergarten, Schule, Freizeit, Sport und vieles mehr beinhalten.

Schweizer Kindermuseum
Ländliweg 7
5400 Baden

Tel. 056 222 14 44
info@kindermuseum.ch
www.kindermuseum.ch

Öffnungszeiten ganzjährig
Di–Sa 14–17 Uhr, So 10–17 Uhr,
Feiertage (s. Homepage)

Eintritt Erwachsene CHF 12.–,
Kinder CHF 4.– Studenten/
Lernende CHF 9.–

Führungen Jeden 1. So im Monat findet um 11 Uhr eine öffentliche Führung statt (im Eintrittspreis inbegriffen). Auf Voranmeldung Führungen ganze Woche möglich.

Anreise öV ab Bhf. Baden ca. 10 Gehminuten oder Bus (Busbahnhof Ost) bis Haltestelle «Weite Gasse»

■ **Erlebnisreich**
- Aktivitäten-Programm für Kinder und Erwachsene, die das Kind in sich wiederentdecken wollen (Oktober bis April, s. Homepage «Aktivitäten»)
- Spiel- und Leseraum mit Grossspielen und Büchern

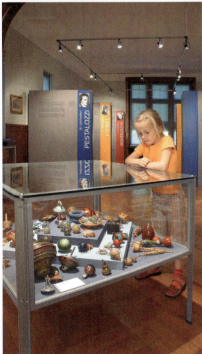

Paul Scherrer Institut – Villigen
Forschen für die Zukunft

Das Paul Scherrer Institut PSI ist das grösste Forschungszentrum für Natur- und Ingenieurwissenschaften in der Schweiz.

PSI – Die drei Initialen stehen für hochkomplexe Forschungsarbeit in den drei Bereichen «Struktur der Materie», «Mensch und Gesundheit», «Energie und Umwelt». Auch von Laien werden Begriffe wie «Solarofen», «Protonenbeschleuniger» und anderer spektakulärer Grossanlagen mit dem weitgehend vom Bund finanzierten Forschungsinstitut in Verbindung gebracht. Am PSI wird an nachhaltigen Lösungen gearbeitet, die Gesellschaft, Wissenschaft und Wirtschaft zugutekommen. In ausgeklügelten Anlagen, die es teils nur hier gibt, sollen physikalische oder biologische Vorgänge erforscht und entschlüsselt werden. Die Resultate bilden die Grundlage für neue, zukunftsfähige Entwicklungen in den Bereichen Technik, Energie und Medizin. Um den hochkomplexen Geheimnissen auf die Spur zu kommen, braucht es kluge Köpfe. Doch auch Laien haben die Möglichkeit, bei geführten Rundgängen oder im Besucherzentrum «Forschung live» mitzuerleben. Im psi forum zeigen mehr als 20 interaktive Exponate, womit sich das PSI zurzeit beschäftigt. Interessant sind auch die 3-D-Filme, in denen komplizierte Informationen auf verständliche Weise präsentiert werden.

**Paul Scherrer Institut
Besucherzentrum psi forum
5232 Villigen PSI**

Tel. 056 310 21 00
psiforum@psi.ch
www.psiforum.ch

Öffnungszeiten Besucherzentrum
Mo–Fr/So 13–17 Uhr
(ausser an Feiertagen)

Eintritt frei
Für Gruppenführungen ist eine frühzeitige Anmeldung erforderlich.

Führungen zu spezifischen Themen: Einzelpersonen und Gruppen mit weniger als 12 Personen. Frühzeitige Anmeldung erforderlich (telefonisch oder mit Online-Formular, s. Homepage).

Anreise öV ab Bhf. Brugg Postauto (Linie PSI-Böttstein-Döttingen)

Vindonissapark Brugg – Windisch
Einmal römischer Legionär sein

Eintauchen in das Leben der alten Römer.

Der Legionärspfad ist ein faszinierender Lern- und Erlebnisraum für Geschichte und Archäologie. Mit dem Römerpass erhalten die Besucher beim Eintritt eine neue (römische) Identität. Der Rundgang auf dem Gebiet des einstigen Legionärslagers, das etwa 6000 Krieger beherbergte, vermittelt antike Geschichte auf spielerische Art. Zu den neun modern inszenierten Fundstätten gehört beispielsweise die verschwundene Offiziersküche, wo sich Kommandanten und Zenturionen bei opulenten Festmählern vergnügten, und man wird Zeuge ihrer Gespräche. Oder man staunt über die einzige, noch funktionierende römische Wasserleitung nördlich der Alpen, die die Wasserzufuhr ins römische Lager und in die legendären Thermen sicherstellte. Eine Attraktion sind auch die in Holz und Lehm nachgebauten Legionärsunterkünfte, in denen sich nächtigen lässt wie zu Zeiten der Römer. Neben der Inszenierung verborgener Schauplätze werden spannende Spieltouren, Workshops und Events für Jung und Alt durchgeführt. Wer noch mehr über die Römer erfahren möchte, sollte das Vindonissa-Museum in Brugg besuchen. Anhand wertvoller Fundstücke aus dem einzigen römischen Legionärslager in der Schweiz kann man sich seine eigene Römer-Geschichten ausdenken.

Erlebnisreich
Im 14. Jh. liess die Frau von König Albrecht I. auf dem Gelände des Legionärslagers das Kloster Königsfelden erbauen. Die Glasmalereien zählen zu den wertvollsten spätmittelalterlichen Zeugen dieser Art.
www.klosterkoenigsfelden.ch
www.habsburgertouren.ch

Vindonissa-Museum
Museumsstrasse 1
5200 Brugg

Tel. 056 441 21 84
vindonissa@ag.ch
www.ag.ch/vindonissa

Öffnungszeiten ganzjährig
Di–Sa 13–17 Uhr, So 10–17 Uhr

Eintritt Erwachsene CHF 5.–, Ermässigung für Kinder und Gruppen ab 10 Personen

Anreise öV ab Bhf. Brugg wenige Gehminuten

Legionärspfad
Königsfelderstrasse
5210 Windisch

Tel. 056 444 27 77
legionaerspfad@ag.ch
www.legionaerspfad.ch

Öffnungszeiten April bis Oktober Di–Fr 9–17 Uhr, Sa/So 10–18 Uhr

Eintritt Spiel-/Themen-Touren Römersonntage und Besuch der Stationen mit Badge: Erwachsene CHF 12.–, Kinder 4–16 Jahre CHF 6.–, Ermässigung f. Lehrlinge, Studenten, Gruppen, Familien. Samstags Eintritt zum Legionärspfad zum halben Preis Kombiticket Vindonissapark Erwachsene CHF 18.–, Ermässigung s. oben

Anreise öV ab Bhf. Brugg 10 Gehminuten (östlich der Klosterkirche Königsfelden)

Waldseilgarten Rütihof – Gränichen ❶
Für schwindelfreie Abenteurer ab 4 Jahren

Ob allein oder zusammen mit Freunden, Familie oder Arbeitskollegen: Mut, Freude und Verantwortungsbewusstsein werden hier gefördert, aber auch Ross- und Wagenfahrten und feines Essen erwarten die Besucher auf dem Rütihof.

Waldseilgarten Rütihof
Rütihof 1
5722 Gränichen

Tel. 062 842 32 02
info@waldseilgarten.ch
www.waldseilgarten.ch

Öffnungszeiten
April bis Oktober Mi–Fr 13–19 Uhr

Basler Papiermühle ❷
Papier- und Druckgeschichte zum Anfassen und Mitmachen

In der historisch authentischen Kulisse einer mittelalterlichen Papiermühle werden vor den Augen der Besucher Papiere und Drucke an originalen Maschinen produziert. Der Besucher darf Papier von Hand schöpfen, mit Tinte und Federkiel schreiben oder einen eigenen Druck anfertigen.

Basler Papiermühle
St. Alban-Tal 37
4052 Basel

Tel. 061 225 90 90
info@papiermuseum.ch
www.papiermuseum.ch

Öffnungszeiten
Di–Fr/So 11–17 Uhr, Sa 13–17 Uhr

Solarbob Rodelbahn und Seilpark – Langenbruck ❸
Nervenkitzel auf der Rodelbahn oder im Seilpark

Durch Sonnenkraft angetriebene Rodelbahn mit 540° Kreisel, Seilpark mit verschiedenen Parcours und kniffligen Aufgaben. Im Seilpark 5 Parcours bereits ab 6 Jahren. Kiosk für Getränke und Verpflegung.

Solarbob Rodelbahn und Seilpark Langenbruck
Hauptstrasse 1
4438 Langenbruck

Tel. 062 390 03 03 (Infoband)
info@solarbob.ch
www.solarbob.ch
www.seilpark-langenbruck.ch

Öffnungszeiten
April – Oktober
Mo–Fr 13–17 Uhr,
Sa/So/Feiertage 10–17 Uhr
November – April
Sa/So/Feiertage 10–16 Uhr

Sternwarte Schafmatt – Rohr ❹
Den Himmel kennen lernen

Jeden Freitagabend öffentliche Führung. Die Sternwarte auf der Jurahöhe zwischen Rohr (SO) und Oltingen (BL) ist bei guter Witterung für jedermann geöffnet. Telefon 062 298 05 47 gibt ab 18 Uhr Auskunft, ob die Führung stattfindet.
Zufahrt nur bis zum grossen Parkplatz auf der Jurapasshöhe Schafmatt, danach ca. 8. Minuten Fussweg (Wegweiser beachten).

Tel. 062 298 05 47
www.sternwarte-schafmatt.ch

Walensee – Zürich – Schaffhausen

Fliegermuseum Dübendorf
Vom Doppeldecker bis zum Jet

So paradox es tönt: Der Erste Weltkrieg gilt als Geburtshelfer der Schweizer Militäraviatik. Im «Fliegermuseum» kann die Entwicklung der Schweizer Luftwaffe nachverfolgt werden.

Fliegen ist ein uralter Menschentraum. Was 1903 mit dem kontrolliert gesteuerten, von einem Benzinmotor betriebenen Doppeldecker der Gebrüder Wright begann, fand in Europa Nachahmer und wurde bald für militärische Zwecke genutzt. 1914, nach Ausbruch des Ersten Weltkriegs, bestand die kurzfristig zusammengestellte Schweizer Militärstaffel aus neun Piloten und einem Sammelsurium von acht zumeist privaten Flugzeugen. Unterdessen befinden wir uns längst im Überschall-Zeitalter. Im Museum der Schweizerischen Luftwaffe ist vieles zu finden, was in der 100-jährigen Schweizer Militärluftfahrt eine Rolle gespielt hat: Die 1988 eröffnete Halle beherbergt Exponate bis ins Jahr 1945, darunter auch einen hölzernen Doppeldecker aus dem Ersten Weltkrieg. Der im 2002 eingeweihte Trakt ist dem Zeitalter der Düsenjets gewidmet. Insgesamt sind rund 40 Flugzeuge und Helikopter ausgestellt. Prototypen wie P-16 (FFA Altenrhein) und N-20 (Flugzeugwerke Emmen) beweisen, dass man sich auch hierzulande mit dem Flugzeugbau beschäftigt hat.

Flieger Flab Museum
Überlandstrasse 255
8600 Dübendorf

Tel. 044 823 23 23
info@ju-air.com
www.airforcecenter.ch

Öffnungszeiten ganzjährig
Di–Fr 13.30–17 Uhr,
Sa 9–17 Uhr, So 13–17 Uhr,
Feiertage (s. Homepage oder Tel. 044 823 23 24)

Führungen nach Vereinbarung

Eintritt
Erwachsene CHF 10.–,
Ermässigung für Kinder/Jugendliche 6–16 J. und Militär in Uniform

Kosten Flugsimulatoren (s. Homepage)

Reservation Flüge Ju 52
Di–Fr 14–16 Uhr
Telefon 044 823 20 05
(Kosten s. Homepage)

Anreise öV ab Bhf. Dübendorf
ca. 10 Gehminuten

■ **Erlebnisreich**
- Flugsimulatoren: Den Traum, im Cockpit eines Militärflugzeugs zu sitzen, kann man sich mit dem Simulator P-3, B-737 und der Mirage-III-DS erfüllen. Es gibt auch einen Fallschirmsimulator.
- Oldtimer-Flüge: Das AIR FORCE CENTER Dübendorf ist Heimbasis der vier legendären JU-52. Bei Rund- und Charterflügen Info/Reservation:
Tel. 044 823 20 17
www.airforcecenter.ch

Sauriermuseum Aathal
Urzeitliche Giganten

Das Sauriermuseum Aathal lässt ein Zeitalter lebendig werden, in dem urweltliche Tiere die Erde bevölkerten.

Hier ratterten einmal Textilmaschinen. Heute beherbergt das historische Gebäude eine der besten privaten paläontologischen Sammlungen weltweit. Hans-Jakob Siber, der mit einem Ehrendoktortitel ausgezeichnete Saurier-Experte und Museumsgründer, hat sich auf Funde konzentriert, die er bei seinen regelmässigen Grabungen in den Saurier-«Steinbrüchen» in Wyoming/USA macht. Bis zu sieben Jahre kann es dauern, bis seine Urzeit-Funde zu einem Puzzle zusammengesetzt sind. Fehlende Teile werden möglichst naturgetreu nachgebildet. Die Original-Skelette samt Schädeln sind auch für die Forschung von unschätzbarem Wert. 23 Meter lang ist der rekonstruierte Brachiosaurus; nur so klein wie ein Huhn der Mircroraptor, der kleinste Dino, der im Gegensatz zum tonnenschweren Vetter der fleischfressenden Art angehörte. Versteinerte Dinosaurier-Eier und -Babys, Flugsaurier, zahlreiche aussergewöhnliche Fossilien sowie spannende, themenbezogene Filme vervollständigen die Begegnung mit einer vielfältigen Spezies, die vor 65 Millionen Jahren ausstarb.

Sauriermuseum Aathal
Zürichstrasse 69
8607 Aathal-Seegräben

Tel. 044 932 14 18
dino@sauriermuseum.ch
www.sauriermuseum.ch

Öffnungszeiten ganzjährig Di–Sa 10–17 Uhr, So 10–18 Uhr, Feiertage s. Homepage
Führungen jeden ersten und letzten Sonntag des Monats

Eintritt Erwachsene CHF 19.–, Ermässigung für Kinder (5–16 J.), Studenten, Personen mit IV-Ausweis und Familien

Anreise öV ab HB Zürich mit S-Bahn bis Aathal, dann ca. 10 Gehminuten

■ **Erlebnisreich**
- Führungen und Workshops auf Anfrage
- «Dino Giardino»: Saurierspuren legen, nach Skelettknochen buddeln oder einfach picknicken – perfekt, um Kinder zu beschäftigen
- Audioguide: Museumsführer
- Schaupräparatorium: In kniffliger Feinarbeit werden Fundstücke aus der Jurazeit von Spezialisten präpariert.

Museum Ritterhaus – Bubikon
Wo Pilger und Kreuzritter einkehrten

Im Museum Ritterhaus Bubikon erfährt man, was es mit dem Johanniter-Orden auf sich hat.

Wenn Mauern reden könnten, wüsste die ehemalige, von Graf Diethelm von Toggenburg ums Jahr 1192 gegründete Kommende einiges zu erzählen: Von Erbstreitigkeiten, die den Grafen bewogen, Pilger und Kreuzritter zu beherbergen und einen Teil seiner Güter dem «Spital des Heiligen Johannes jenseits des Meeres» zu vermachen. Auch vom Alten Zürichkrieg gäbe es zu berichten, bei dem das Ritterhaus verwüstet wurde, vom Wiederaufbau 1444 und von der Aufhebung der Kommende nach der Reformation im Kanton Zürich. Positives ereignete sich, als die in den 1930er-Jahren gegründete «Ritterhausgesellschaft» die Gebäude übernahm und in jahrelanger Arbeit originalgetreu restaurierte. Im Jahre 1959 wurde die Anlage unter Denkmalschutz gestellt. Sie gilt als besterhaltene Niederlassung des Johanniter-Ordens in Europa.

Das Museum umfasst etwa 2500 m² Ausstellungsfläche. Hier werden Geschichte und historische Bedeutung des Johanniter-Ordens sowie der Komturei Bubikon dargestellt. Sehenswert ist die Waffensammlung mit Rüstungen und Hellebarden. Aus dem reichen Schatz von Münzen sind aus der Zeit zwischen dem 14. und 18. Jahrhundert über 400 zu sehen. Er zeigt, dass Johanniter- und Malteser-Orden über eigene Zahlungsmittel verfügten. Gemäss Experten handelt es sich um einen der wertvollsten Kreuzritter-Münzensätze.

Museum Ritterhaus
Ritterhausstrasse 35
8608 Bubikon

Tel. 055 243 39 90
info@ritterhaus.ch
www.ritterhaus.ch

Öffnungszeiten April bis Oktober Di–Fr 13–17 Uhr, Sa/So/Feiertage 10–17 Uhr, Mo nur an Feiertagen offen

Eintritt Erwachsene CHF 8.–, Vergünstigung für Kinder ab 3 J. und Familien

Anreise öV mit S5 und S15 bis Bhf. Bubikon, wenige Gehminuten zum Ritterhaus

■ **Erlebnisreich**
Rundgang für Kinder: spannender Ausflug in die Zeit des Mittelalters

Tektonik-Arena – Engi
Wo die Erdgeschichte Kopf steht

Im über 300 Quadratkilometer grossen Geopark Sardona zwischen Glarnerland, Sarganserland und Surselva sind tektonische Schichten augenfällig.

Im Grenzbereich der Kantone Glarus, St. Gallen und Graubünden befindet sich ein einzigartiges «Steinreich», das seit 2008 Teil des UNESCO-Weltnaturerbes ist. Doch wie kommt 300 Millionen Jahre altes Gestein über Schichtungen zu liegen, welche mit 35 bis 50 Millionen Jahren bedeutend jünger sind? Hans Konrad Escher von der Linth vertrat die These der Kontinentalplatten-Überschiebung bereits 1809. Anerkannt wurde sie jedoch erst hundert Jahre später. Bei dieser Hauptüberschiebung wurde eine bis zu 15 Kilometer dicke Platte von Süden her über weit ältere Gesteinsschichten geschoben, aufgetürmt, gefaltet, verformt und zerbrochen, was im Sardona-Gebiet besonders gut zu sehen ist. Bei diesem tektonischen Prozess, welcher Jahrmillionen dauerte, wurde das Urmeer verdrängt. Deshalb findet man heute Spuren von Lebewesen aus längst vergangenen Zeiten an Orten, wo man sie nie vermuten würde: In Stein konserviert blieben am Kleinen Tödi Fussabdrucke eines sieben Meter langen Archosauriers, am Glärnisch versteinerte Ammoniten, am Fusse des Schilt Austern und Korallen, im Sernftal Knochenfische, Schildkröten und der Fische fangende «Glarner Vogel». Auf die Alpenüberschiebung zurückzuführen ist auch das Martinsloch zwischen Tschingelhörnern und Segnespass. Jeweils im Frühling (13./14. März) und Herbst (30. September/1. Oktober) scheint die Sonne kurz vor dem eigentlichen Aufgang durch das Felsenfenster. Und weil die Elmer dieses Zeichen beim Kirchenbau Ende 15. Jh. als Fingerzeig von oben nahmen, richtet sich der Strahlenfokus seither zwei Mal jährlich auf das Gotteshaus.

Geopark Sardona
Allmeind
8765 Engi
Tel. 079 345 72 35
Geschäftsstelle
info@geopark.ch
www.geopark.ch

Heidiland Tourismus
Tel. 081 720 08 20
info@heidiland.com
www.heidiland.com

Über obige Kontakte ist mehr über das touristische Erlebnis-Angebot im Einzugsgebiet des Geoparks Sardona zu erfahren.

Erlebnisreich
GeoStätten, Lehrpfade und Hotspots: Sardona-Welterbeweg, GeoPhänomen Kerenzerberg, Geoweg Schänis–Weesen–Amden, Geoweg Mels, GeoTrail in Flumserberg, GeoStadtspaziergang in Glarus, Lochsite Sool/Schwanden, Stein(ge)s(ch)ichten am Pizol u.a. Unzählige dieser Möglichkeiten können auf eigene Faust oder unter erfahrener Führung erkundet werden (s. Homepage).

Geigenmühle Neerach
Mehl wächst nicht am Mehlbeerbaum

Typische Zürcher Unterländer Riegelhäuser gibt es viele. Aber nur in der Neeracher Geigenmühle wird heute noch Mehl gemahlen.

Diese Mühle hat Geschichte: Auf dem steinernen Türsturz ist die Jahrzahl 1570/1942 eingekerbt und auf einem Riegelbalken steht: «Das Stücklein Brot, das dich nährt, ist mehr als Gold und Silber wert.» Bis 1925 wurde das Getreide im Zürcher Unterland in der Geigenmühle gemahlen. Danach überliess man die Mühle ihrem Schicksal. Viele Bestandteile wurden entwendet und am Rest nagte der Zahn der Zeit. Im 2. Weltkrieg wurde der Verfall durch den Verkauf und die Renovation des Wohntrakts gestoppt. In den Siebzigerjahren folgte ein weiterer Besitzerwechsel, und die neuen Eigentümer verwandelten die alte Mühle in ein echtes Bijou. Auch die Mühleneinrichtung und das oberschlächtige Metallwasserrad hinter dem Haus (knapp 8 Meter Durchmesser) wurden rekonstruiert, sie entsprechen wieder weitgehend dem Stand von 1880. Idealisten sorgen auch heute noch dafür, dass die Mühle klappert – wenigstens ab und zu. Sie wollen, dass das alte Handwerk auch nachkommenden Generationen ein Begriff bleibt.

Geigenmühle Neerach
Binzmühlestrasse 18
8173 Neerach

Tel. 044 858 01 10
(Familie Wickihalder)
geigenmuehle@hotmail.com
www.geigenmuehle.ch

Öffnungszeiten
Führungen (in der warmen Jahreszeit) auf Anfrage (können mit einem Aperitif im Garten oder im Gewölbekeller kombiniert werden)

Anreise öV ab HB Zürich mit der S-Bahn bis Oberglatt, weiter mit Bus 510 bis Neerach oder mit der S-Bahn bis Bülach, weiter mit Bus 515 bis Neerach

■ **Erlebnisreich**
Das Mehl, das bei Führungen gemahlen wird, kann gekauft werden.

Zentrum für Fotografie – Winterthur
Objektiv betrachtet

Mit dem Fundus an klassischer und zeitgenössischer Fotografie haben sich das «Fotomuseum Winterthur» und die «Fotostiftung Winterthur» als Schweizer Kompetenz-Zentrum etabliert.

Das seit 2003 von den beiden Institutionen gemeinsam geführte Zentrum für Fotografie geniesst bei Profis und passionierten Foto-Liebhabern einen hervorragenden Ruf. Die Fotostiftung Schweiz ist die Hüterin des «fotografischen Erbes der Schweiz». Sie setzt sich für die Erhaltung, Erschliessung und Vermittlung von fotografischen Werken ein. Auch betreut sie ein Archiv mit rund 30 000 Originalabzügen von hervorragenden Schweizer Fotografinnen und Fotografen und über 30 Nachlässe. Das Fotomuseum Winterthur befasst sich unter anderem mit zeitgenössischen Fotoschaffenden wie Andreas Gursky, Roni Horn, Boris Mikhalilov, Mark Morrisroe und vielen mehr. In Wechselausstellungen, Vorträgen und Publikationen wird die fotografische Darstellung im Kontext zwischen Kunst und Dokumentation des Alltäglichen präsentiert. Des weiteren werden in Ausstellungen die Meister aus dem 19./ 20. Jahrhundert gewürdigt. Grosse Aufmerksamkeit wird den kulturhistorischen und soziologischen Aspekten der angewandten Fotografie – von Architektur über Mode und Industrie bis zur Medizin und Polizei – geschenkt.

Fotomuseum Winterthur
Grüzenstrasse 44/45
8400 Winterthur

Tel. 052 234 10 60
Infoline 052 234 10 34
fotomuseum@fotomuseum.ch
www.fotomuseum.ch

Öffnungszeiten
Di–So 11–18 Uhr, Mi 11–20 Uhr
Öffnungszeiten an Feiertagen
(s. Homepage)

Eintritt Ausstellungspass
CHF 17.– (Eintritt für alle
Ausstellungen); nur Wechselausstellung Halle/Galerie
CHF 9.–, nur Wechselausstellung/Sammlungsräume
CHF 9.–, Fotostiftung CHF 8.–,
Ermässigung (s. Homepage)

öffentliche Führungen durch
einzelne Ausstellungen immer
am Mittwoch 18.30 Uhr und
am Sonntag 11.30 Uhr

Anreise öV ab Bhf. Winterthur Buslinie 2 bis Haltestelle Fotozentrum

Technorama Winterthur
Anfassen erwünscht

Im einzigen Science Center der Schweiz kann nach Herzenslust geforscht, gespielt und experimentiert werden.

Egal, welchen Jahrgang man hat oder wie gut man über Naturwissenschaften und Technik Bescheid weiss: Man muss sich lediglich von der Neugier leiten lassen und schauen, was passiert: Im Technorama können bei 500 interaktiven Stationen physikalische Vorgänge im Bereich Elektrizität, Magnetismus, Mathematik, aber auch eigene Wahrnehmungen im wahrsten Sinne des Wortes «begriffen» werden.
So wird trockene Wissenschaft zum phänomenalen Erlebnis und weckt die Freude am Forschen und Lernen!
Es gibt jeden Tag Vorführungen zu den Themen Elektrizität, Gas, Laser. Das Jugendlabor bietet Workshops in verschiedenen Bereichen an. Leicht verständliche Anleitungen ermöglichen es Interessierten ab 13 Jahren, den Naturgesetzen weitgehend selbständig auf den Grund zu gehen und technische Zusammenhänge zu erkennen. Im Park befinden sich weitere Experimentiermöglichkeiten. Man kann aber auch einfach entspannen und sich beim Picknick für neue Taten stärken.

Technorama Winterthur
Swiss Science Center
Technoramastrasse 1
8404 Winterthur

Tel. 052 244 08 44
info@technorama.ch
www.technorama.ch

Öffnungszeiten ganzjährig Di–So 10–17 Uhr, besondere Öffnungszeiten (s. Homepage)

Eintritt Erwachsene CHF 25.–, Ermässigung für Kinder (6–15 J.), Lehrlinge/Studenten, AHV/IV (mit Ausweis) und Gruppen ab 10 Personen

Anreise öV ab Bhf. Winterthur mit Buslinie 5 zum Technorama

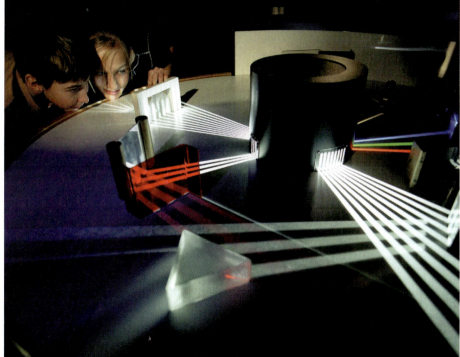

Zürich – Zürichsee
Leinen los und «Schiff ahoi»

Panta Rhei – alles fliesst: Neben der modernen, 700-plätzigen «Panta Rhei» umfasst die ZSG-Flotte elf weitere Motorschiffe, zwei historische Schaufelraddampfer und drei Limmat-Flussboote.

Reif für die Insel und keine Ferien in Sicht? Eine Schifffahrt auf dem Zürichsee, und schon sieht die Welt wieder anders aus. Ob strahlende Sonne und klare Sicht bis in die schneebedeckten Alpen, wenn beim Eindunkeln Tausende von Lichter die Ufer säumen oder wenn Nebelschleier der Landschaft ein mystisches Gepräge geben – es ist ein besonderes Erlebnis.
Leinen los und auf zur erholsamen Seefahrt: Neben den regulären Kurs- und Rundfahrtschiffen, welche das ganze Jahr über verkehren (reduzierter Betrieb im Winterhalbjahr von November bis März), bietet die Schifffahrtsgesellschaft kleine, mittlere und grosse Rundfahrten an. Immer beliebter sind Themen-Traumschifffahrten. Ein «Dampfer-Dinner» oder eine «Fahrt in den Sonnenuntergang»? Kurzferien über Mittag auf dem Lunch-Schiff oder lieber Schmetterlinge im Bauch bei der «Single Party»? Ein Sonntagsbrunch oder das Tanzbein schwingen? Jedes Traumschiff-Event hat etwas Spezielles zu bieten.

Zürichsee Schifffahrt
Mythenquai 333
Schiffsteg Bürkliplatz
8038 Zürich

Tel. 044 487 13 33
Fax 044 487 13 20
ahoi@zsg.ch
www.zsg.ch

Öffnungszeiten
April bis Oktober täglich Kursfahrten/Rundfahrten (1–7 Stunden)
November bis März täglich Kurs-/Rundfahrten (reduzierter Fahrplan)

Tickets s. Homepage
Anreise öV Tramlinien 5 / 11

Zürich Flughafen
Nur Fliegen ist schöner

Die grosse, weite Welt: In den Terminals und auf den Zuschauerterrassen des Flughafens Zürich kommt man ihr einen Schritt näher, ohne zu verreisen.

Nicht umsonst wurde der Flughafen Zürich mehrmals als weltbester Flughafen ausgezeichnet. Selbst erleben kann man das spannende Flughafen-Treiben auf verschiedene Wege: Den besten Überblick haben die Besucher auf der neuen Zuschauerterrasse auf dem Dock B. Eine Reihe von Weltneuheiten ermöglichen ganz neue Einblicke in die faszinierende Welt des Flughafens Zürich. So wurden eigens für die neue Zuschauerterrasse B sogenannte «Airportscopes» entwickelt, mediale Ferngläser mit integrierten Hintergrundinformationen. Bei den Kindern ist vor allem der Mini-Flugplatz äusserst beliebt. Ebenfalls einen hervorragenden Blick auf die Pisten hat man von der Zuschauerterrasse auf dem Dock E, die direkt von der Zuschauerterrasse B aus mit dem Shuttle-Bus erreichbar ist. Eindrücklich ist auch der Blick hinter die Kulissen, den man auf der etwas mehr als 1-stündigen, kommentierten Flughafen-Rundfahrt erhält. Vorbei an den Werftanlagen, der Berufsfeuerwehr und dem Rettungsdienst bis hin zum Pistenkreuz erleben die Besucher das Flughafen-Geschehen hautnah.

Flughafen Zürich AG
8058 Zürich

Tel. 043 816 21 56
Fax 043 816 46 15
info@zurich-airport.com
www.flughafen-zuerich.ch

Öffnungszeiten
Sommerzeit täglich 8–21 Uhr
Winterzeit täglich 9–18 Uhr

Eintritt Zuschauerterrasse B
Erwachsene CHF 5.–, Kinder bis 10 J. gratis, Jugendliche bis 16 J. CHF 2.–

Eintritt Zuschauerterrasse E
Erwachsene CHF 4.–, Kinder bis 10 J. gratis, Jugendliche bis 16 J. CHF 2.– (Bus fährt ab Zuschauerterrasse B)

Rundfahrten Sommerzeit (Sa, So, Feiertage) und Winterzeit (So)

Tickets an der Rundfahrtenkasse. Die Zuschauerterrassen können bei Schlechtwetter oder aus Sicherheitsgründen kurzfristig geschlossen sein. Kosten für Gruppenführungen und Besichtigungspackages (s. Homepage)

Anreise öV Bhf. Zürich-Flughafen

■ **Erlebnisreich**
geführte Besichtigungen mit faszinierendem Ein- und Ausblick ins Flughafen-Geschehen für Kinder- und Erwachsenen-Gruppen

Fraumünsterkirche – Zürich
Himmlisches Licht – überirdische Klänge

Die Fraumünsterkirche verfügt über die grösste Orgel im Kanton Zürich. Weltbekannt sind die von Marc Chagall und Augusto Giacometti gestalteten Glasfenster.

Es ist diese unwahrscheinlich luzide Leuchtkraft, die Chagalls Glasmalereien so einzigartig macht. Der 5-teilige Fensterzyklus im Chor wurde 1970 eingeweiht. Acht Jahre später, Chagall war 91-jährig, wurde die von ihm gestaltete Rosette im südlichen Querschiff realisiert. Meisterwerk der Glasmalkunst sind auch die Fenster im nördlichen Querschiff von Augusto Giacometti. 1945, nach langer, hindernisreicher Entstehungsgeschichte, wurden sie eingesetzt. Das in kraftvollen Farben komponierte «Himmlische Paradies» ist das letzte von über zwanzig Glasgemälden des berühmten Schweizer Künstlers. Zu den Superlativen zählt die Kirchenorgel. Nach der Koppelung der Chororgel mit dem Hauptinstrument im Jahr 1998 gilt sie mit ihren 92 Registern und 5793 Pfeifen als grösste Orgel des Kantons Zürich. Das Fraumünster gehört zu den ältesten Kirchen in Zürich. Es wurde 853 von König Ludwig dem Deutschen, einem Enkel Karls des Grossen, gestiftet. Das von Frauen des süddeutschen Hochadels bewohnte Konvent besass weitgehende Rechte. 1524, nach der Reformation, kamen Kirche und Kloster in den Besitz der Stadt. Die als dreischiffige Säulenbasilika erbaute Kirche erfuhr verschiedene bauliche Veränderungen und Erweiterungen. Als bedeutendste Bauteile sind der romanische Chor und das hochgewölbte gotische Querschiff erhalten geblieben. Von den beiden im 12./13. Jh. angebauten Kirchtürmen blieb nur der 1732 aufgestockte Nordturm mit Spitzhelm erhalten.

Fraumünsterkirche
Am Münsterhofplatz
8001 Zürich

Tel. 044 211 41 00
fraumuenster@zh.ref.ch
www.fraumuenster.ch

Eintritt Kirche frei

Öffnungszeiten ganzjährig (ausser bei Veranstaltungen in der Kirche)
November bis März 10–16 Uhr
April bis Oktober 10–18 Uhr
(am Sonntag erst nach dem Gottesdienst)
Führungen Kirche, Orgel und Glasmalereien auf Anfrage (s. Homepage)

Anreise öV ab Zürich HB mit Tramlinien 4/15 bis Haltestelle «Helmhaus», dann zu Fuss über die Münsterbrücke

■ Erlebnisreich
Kreuzgang: Für den Bau des Stadthauses wurde 1883 die südlich der Kirche gelegene Klosteranlage abgebrochen. Erhalten geblieben sind Teile des romanischen Kreuzgangs, der um 1900 herum mit dem Innenhof des Stadthauses zu einer Einheit verbunden wurde. Sehenswert sind die vom Zürcher Künstler Paul Bodmer in den Vorkriegsjahren gestalteten Freskenzyklen, welche die Legenden rund um die Stadtheiligen und die Gründung des Fraumünsterklosters darstellen.

Grossmünster Zürich
Wahrzeichen der kleinen Weltstadt

Im Zürcher Grossmünster weht noch heute der Geist frühchristlichen Märtyrertums.

Die romanische Krypta ist der älteste noch erhaltene Teil des Grossmünsters. Doch schon vor dem 11. Jh. stand hier eine Kirche. Die verblassten Wandmalereien aus dem 14./15. Jh. zeigen das Martyrium der Zürcher Stadtheiligen Felix und Regula. Sie wurden im 3. Jh. zusammen mit einem weiteren Gefährten am Limmatufer enthauptet. Jahrhunderte später soll Karl der Grosse auf der Jagd von einem Hirsch von Aachen bis nach Turicum geführt worden sein. Dort, wo die Gebeine der Hingerichteten verscharrt waren, soll sein Pferd in die Knie gegangen sein. Daraufhin habe der Kaiser an diesem Ort ein Kloster bauen lassen. Historisch ist das nicht verbürgt. Karls Nachkommen jedoch haben in Zürich belegbare Spuren hinterlassen: 870 wandelte Karl der Dicke das Kloster in ein Chorherrenstift um. Sicher ist auch, dass im Grossmünster bis zur Reformation eine Reliquie von Kaiser Karl aufbewahrt wurde. In der Krypta begegnen wir Karl dem Grossen als überlebensgrosser, im 15. Jh. geschaffener Sitzfigur, von der 1933 eine Kopie angefertigt und am Südturm angebracht wurde. Bis ins 20. Jh. wurden im und am Grossmünster Veränderungen vorgenommen, die zu einem architektonischen Stilmix führten. Zu erwähnen sind die romanischen Kapitelle im Schiff und die Fresken-Fragmente im Chor sowie der Taufstein von 1598. Kostbarkeiten jüngeren Datums sind die 1933 eingefügten Chorfenster von Augusto Giacometti und die zwölf modernen, von Sigmar Polke im Jahr 2009 fertig gestellten Glasfenster. Auf dem 1950 von Otto Münch geschaffenen Bronzeportal sind biblische Szenen zu sehen. Die auch von ihm stammende Türe an der Südfassade zeigt die Reformationsgeschichte.

Grossmünster Zürich
Grossmünsterplatz
8001 Zürich

Tel. 044 252 59 49
sigrist.grossmuenster@zh.ref.ch
www.grossmuenster.ch

Öffnungszeiten Grossmünster
März bis Oktober 10–18 Uhr, November bis Februar 10–17 Uhr (an Sonntagen erst nach Gottesdienst offen, bei besonderen Anlässen geschlossen)

Öffnungszeiten Karlsturm
März bis Oktober
Mo–Sa 10–17 Uhr,
So 12.30–17.30 Uhr
November bis Februar
Mo–Sa 10–16.30 Uhr,
So 12.30–16.30 Uhr
(Turm bei kirchlichen Anlässen oder schlechtem Wetter geschlossen)

Eintritt Kirche frei

Eintritt Karlsturm
Erwachsene CHF 4.–, Ermässigung für Kinder (6–16 J.), Studenten, AHV-Bezüger. Öffentliche Führungen jeden 2. Sonntag des Monats, 11.30 Uhr. Erwachsene CHF 8.–. Gruppenführungen auf Anmeldung (s. Homepage)

Anreise öV ab Zürich HB Tramlinien 4/15 bis Helmhaus, ca. 15 Gehminuten ab Bhf.

Kunsthaus Zürich
Richtig ins Bild gesetzt

Ambitionierte Wechselausstellungen mit Werken berühmter Meister vom Mittelalter bis zur Gegenwart und sorgfältig konzipierte, themenbezogene Expositionen im Kunsthaus Zürich haben Magnetwirkung.

Manchmal lässt sich der Erfolg in Zahlen messen: Allein die Picasso-Ausstellung im Jahr 2011 lockte mehr als 350 000 Besucher an. Attraktiv ist das Kunsthaus auch wegen seiner permanenten Ausstellung: Es verfügt über die bedeutendste Sammlung mit Werken des Schweizer Künstlers Alberto Giacometti, beherbergt aber auch Bilder und Skulpturen von Meistern des Mittelalters bis zur Neuzeit. Vor allem das 19. und 20. Jahrhundert sind mit klingenden Namen und wertvollen Exponaten vertreten. Beispielsweise besitzt das Kunsthaus mehr als hundert Hodler-Gemälde sowie weitere hoch dotierte Werke von Schweizer Kunstschaffenden. Stolz ist man auch auf die Munch-Sammlung, die grösste ausserhalb Norwegens. Selbst wenn man sich mehr für das zeitgenössische Schaffen interessiert, lohnt sich der Besuch: Das Spektrum der Modernen reicht von Bacon, Beuys bis Rauschenberg und dem Schweizer Franz Gertsch. Im geplanten Erweiterungsbau soll die Sammlung der Stiftung E. G. Bührle als Dauerleihgabe der Öffentlichkeit zugänglich gemacht werden.

Kunsthaus Zürich
Heimplatz 1
8001 Zürich

Tel. 044 253 84 84
info@kunsthaus.ch
www.kunsthaus.ch

Öffnungszeiten ganzjährig
Sa/So/Di 10–18 Uhr,
Mi–Fr 10–20 Uhr,
Öffnungszeiten an Feiertagen Info 044 253 84 84
oder s. Homepage

Eintritt Erwachsene CH 15.–,
Ermässigung für Schüler/Studenten/Lehrlinge,
Gruppen ab 20 Personen.
Kinder/Jugendliche (bis 16 J.)
und Schweizer Schulklassen
bis zur Matur gratis

Eintritt Wechselausstellungen CHF 20.–,
Kombitickets für Sammlung/Wechselausstellung CHF 25.–,
(Ermässigung s. oben)

Anreise öV ab Zürich HB
Tramlinie 3, Bus 31 bis Kunsthaus, ab Bhf. Enge Tramlinie 5,
ab Bahnhof Stadelhofen
Tramlinien 5/8/9 via Bellevue

■ **Erlebnisreich**
Audioguides (im Eintrittspreis inbegriffen) sind
an der Kunsthauskasse
erhältlich; mit Werk-Informationen (d/e/f/i) oder einer
speziell auf Jugendliche zugeschnittenen Audio-Kunsteinführung.

Landesmuseum Zürich
Schweizer Kulturgeschichte

Das schlossähnliche Landesmuseum direkt beim Hauptbahnhof ist der ideale Ausflugsort für die ganze Familie.

Ausstellungsstücke von nationaler Bedeutung sind in den Dauerausstellungen des 1898 eröffneten Landesmuseums Zürich zu sehen. Touchscreens und Filmanimationen tragen dazu bei, dass die Zeit von der Urgeschichte bis 21. Jahrhundert zu einem mit allen Sinnen fassbaren Erlebnis wird.
Die Ausstellung «Geschichte Schweiz» umfasst die Themen Migration und Besiedlung, Religions- und Geistesgeschichte, Schweizer Politik sowie die wirtschaftliche Entwicklung des Landes. Die zwanzig attraktiv inszenierten Schausammlungen in der Ausstellung «Galerie Sammlungen» vermitteln einen repräsentativen Überblick über die museumseigenen Bestände. Der Fokus wird auf die Funktion und Bedeutung einzelner Objekte gerichtet und auf das kunsthandwerkliche Erbe der Schweiz. Besonders sei die Ausstellung «Möbel und Räume Schweiz» erwähnt, die einen spannenden Bezug zwischen Alt und Neu herstellt. Neben elf stilvollen, originalen historischen Zimmern von der Gotik bis zum Barock findet man eine Auswahl an Designmöbeln aus dem 20. Jahrhundert.

Landesmuseum Zürich
Museumstrasse 2
8001 Zürich

Tel. 044 218 65 11
kanzlei@snm.admin.ch
www.nationalmuseum.ch

Öffnungszeiten ganzjährig Di–So 10–17 Uhr, Do 10–19 Uhr, an Feiertagen geöffnet

Eintritt Erwachsene CHF 10.–, Kinder bis 16 J. gratis. Ermässigung für Inhaber eines Museumspasses und anderer Ausweise (s. Hompage).

Anreise öV wenige Schritte vom HB Zürich entfernt (Ausgänge/Unterführung Nord benutzen)

■ **Erlebnisreich**
In faszinierenden Sonderschauen werden aktuelle Themen aufgegriffen und zumeist aufwändig mit eigenen Exponaten gestaltet.

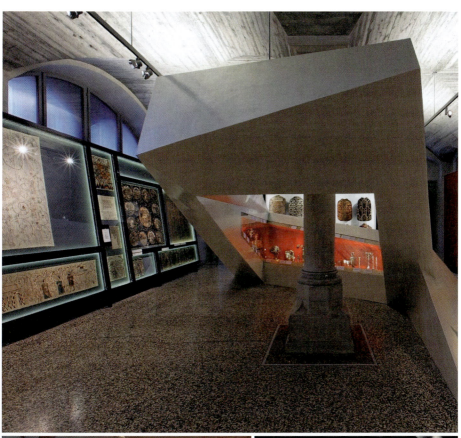

Museum für Gestaltung Zürich
Ästhetik der Gebrauchskultur

Design, visuelle Kommunikation und Architektur sind Katalysatoren zwischen Kunst und Alltagskultur.

Über Ästhetik lässt sich streiten. Und doch sind wir ständig damit konfrontiert. Das Museum für Gestaltung konzentriert sich auf die Produktekultur alltäglicher und künstlerischer Erzeugnisse des 20. Jahrhunderts. Hervorgegangen ist die Institution aus dem 1875 gegründeten Kunstgewerbemuseum. Schwerpunkte sind Gegenwart und Moderne. In den Archiven befinden sich Meilensteine der technischen und ästhetischen Entwicklung seit Beginn der Industrialisierung. Regelmässig werden thematische oder monografische Wechselausstellungen gezeigt. Sie befassen sich mit gestalteten Dingen und Bildern aus den Bereichen Industrial- und Produktedesign, Kunstgewerbe, Mode, Textil und Schmuck, Grafik, Typografie, Plakat, Film und Buchgestaltung bis zur Architektur, Szenografie und öffentlichem Raum. Kritisch und wissenschaftlich fundiert setzen sich die zumeist interdisziplinär angelegten Ausstellungen mit historischen Phänomenen, zeitgenössischen Tendenzen und innovativen Ansätzen auseinander. Die breite Öffentlichkeit wird mit visuellen, emotionellen Präsentationen, Begleitveranstaltungen und Vorträgen angesprochen.

Museum für Gestaltung
Ausstellungsstrasse 60
8005 Zürich

Infotel 043 446 44 67
welcome@museum-gestaltung.ch
www.museum-gestaltung.ch
www.emuseum.ch

Öffnungszeiten ganzjährig
Di–So 10–17 Uhr, Mi 10–20 Uhr,
Öffnungszeiten an Feiertagen
(s. Homepage)

Eintritt Halle/Galerie
Erwachsene CHF 12.–; Jahreskarten CHF 50.–, gültig für alle Ausstellungen des Museums für Gestaltung und Bellerive

Anreise öV ab HB Zürich 5 Gehminuten (Ausgang Sihlquai / Limmatplatz) oder Tramlinien 4 / 13/ 17 bis Haltestelle Museum für Gestaltung

■ **Erlebnisreich**
Museum Bellerive, Höschgasse 3, 8008 Zürich
www.museum-bellerive.ch
Der kunstgewerbliche Teil der Sammlung (Jugendstil, Textilien, Keramik u.a.) hat in der Aussenstelle des Museums einen passenden Rahmen gefunden und sorgt seit 1968 für Interaktion zwischen Kunsthandwerk und Design, modernen Klassikern und jungen Kreativen.

Tram-Museum – Zürich
Vom Rösslitram zur Cobra

Das Depot Burgwies beherbergt sorgfältig restaurierte Trams und Zeugnisse aus der mehr als 100-jährigen Zürcher Tram-Geschichte.

Was in Zürich einst mit dem Rössli-Tram begann, hat sich zum dichtesten städtischen Tramschienennetz der Welt entwickelt. Wenn die Nostalgie-Trams im Sommerhalbjahr auf der Museumslinie 21 zirkulieren, sind sie eine Touristenattraktion. Die «antiken» Trams fahren von der Bahnhofstrasse bis «Burgwies» zum ältesten, zum Museum umfunktionierten Tramdepot der Stadt. Hier wird die Zürcher Tram-Geschichte durch eine umfangreiche Sammlung dokumentiert. Zu entdecken gibt es vom Tram-Verein Zürich restaurierte, historische Tramwagen aus der Zeit von 1897 bis 1966, Motoren, Uniformen, Billettautomaten, eine grosse Modell-Tramanlage, das Kindertram «Cobralino».

Tram-Museum Zürich
Forchstrasse 260
8008 Zürich

Tel. 044 380 21 62
info@tram-museum.ch
www.tram-museum.ch

Öffnungszeiten
ganzjährig Mittwoch,
Samstag und Sonntag
von 13–17 Uhr

Eintritt Erwachsene CHF 10.–, Ermässigung für Kinder 6–16 J., Jugendliche 16–18 J., AHV/IV, Familieneintritt, Führungen ausserhalb der Öffnungszeiten auf Anmeldung (s. Homepage)

Anreise öV ab HB Zürich Tramlinie 11 Richtung Rehalp, Haltestelle Burgwies

■ **Erlebnisreich**
Nostalgie-Tramfahrten: Die Museumlinie verkehrt ausser im Dezember immer am letzten Wochenende im Monat. Strecke Burgwies–Usteri und HB Zürich–Burgwies, s. Homepage. Das ehrenamtliche Fahrpersonal trägt stilechte Uniformen (in der ZVV-Zone 10 werden gültige Fahrausweise zuschlagsfrei akzeptiert).

Uhrenmuseum Beyer – Zürich
Zeitzeichen von zeitlosem Wert

Das private Uhrenmuseum Beyer zeigt einen interessanten Querschnitt über mehr als drei Jahrtausende Zeitmessgeschichte.

Schon früher gab es verblüffende Konstruktionen für die Zeitmessung. Heute kann die Zeit auf eine Millionstelsekunde genau gemessen werden. Rund 500 Exponate aus der Zeit um 1400 v. Chr. bis zu den allerneuesten Modellen, aber auch wissenschaftliche Instrumente für die Zeitbestimmung sind in der Sammlung des Uhrenmuseums Beyer vertreten. In der Antike wurde die Zeit mit Wasseruhren, Schattenstäben, Sonnenuhren, Sanduhren oder Öluhren gemessen. Ein neues Zeitalter begann im 14. Jahrhundert, als die mechanischen Räderuhrwerke aufkamen, mit denen Stadt- und Kirchtürme ausgerüstet wurden. Da die Bestandteile immer filigraner wurden, fanden die Zeitmesser bald auch als kunstvolle Stand- und Tischuhren Eingang in die Wohnungen des gehobenen Bürgertums. Die Kunst der Miniaturisierung führte zur Taschen- und später zur Armbanduhr. Heute sind Zeitanzeiger ein Konsumartikel. Und weil die Zeit nicht stehen bleibt, gehört die genaue Zeitangabe bei vielen Geräten längst zum Standard. Mag sein, dass die Menschen gerade deswegen wieder so fasziniert sind von der handwerklichen Kunst der Zeitmessung, weil unser Leben so durchdigitalisiert ist.

Uhrenmuseum Beyer
Bahnhofstrasse 31
8001 Zürich

Tel. 043 344 63 63
museum@beyer-ch.com
www.beyer-ch.com/museum

Öffnungszeiten
Mo–Fr 14–18 Uhr

Eintritt Erwachsene CHF 8.–, Kinder unter 12 J. gratis, Ermässigung für Schüler/Studenten

Anreise öV ab HB Zürich Tram bis Paradeplatz, wenige Gehminuten ab Bhf.

■ **Erlebnisreich**
Das Uhrenmuseum ist über das Ladengeschäft zugänglich.

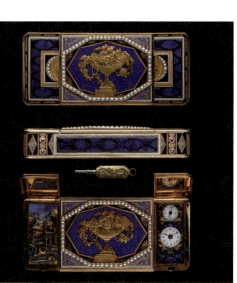

Zoo Zürich
Ein tierisches Vergnügen

Schmunzeln über Pinguin-Paraden und Affenposen. Ohne Flugzeug nach Madagaskar oder ins Patanal, dem grössten Sumpfgebiet der Welt – im Zürcher Zoo ist alles möglich.

Der Zoo Zürich wird immer mehr zur Heimat für gefährdete Exoten: Die Tiere sollen in einer herkunftsähnlichen Umgebung zusammen mit den für sie typischen Lebensgemeinschaften gehalten werden. Ein Meilenstein ist der Masoala Regenwald, der das madagassische Regenwald-Ökosystem auf einer Fläche von 11 000 m² nachbildet. In der üppigen Vegetation leben die Tiere frei und verstecken sich manchmal. Doch mit etwas Übung entdeckt man nicht nur herumtollende Lemuren, sondern auch Vögel, Chamäleons, Riesenschildkröten und Flughunde. Im Frühjahr 2012 wurde die fast gleich grosse Patanal-Anlage eröffnet, dem weltgrössten Sumpfgebiet nachempfunden, das sich in Südamerika befindet. In ihrem typischen Lebensraum fühlen sich Totenkopfäffchen, Ameisenbären, Tapire, Papageien, Köhlerschildkröten und Capybaras sichtlich wohl. Damit ist der Umbau des höchstgelegenen Zoos Europas als Naturschutzzentrum noch nicht abgeschlossen: Bis 2014 wird der Bau des 10 000 m² grossen Elefantenparks abgeschlossen sein. Zurzeit können 370 Tierarten mit einem Bestand von rund 4000 Tieren beobachtet werden. Die naturnah in die Umgebung eingebetteten Aussengehege und die attraktiven Innenanlagen machen den Zoo auf dem Zürichberg zu einem tollen Besucher-Magnet.

Zoo Zürich
Zürichbergstrasse 221
8044 Zürich

Tel. 044 254 25 00
zoo@zoo.ch, www.zoo.ch

Öffnungszeiten täglich März bis Oktober 9–18 Uhr (Masoala Regenwald 10–18 Uhr), November bis Februar 9–17 Uhr (Masoala Regenwald 10–17 Uhr), «Lange Samstage» mit längeren Öffnungszeiten (s. Homepage)

Eintritt Erwachsene (ab 25 J.) CHF 22.–, Kinder bis 5 J. gratis, Ermässigung für Kinder (6–15 J.), Jugendliche (16–24 J.), IV, Familien, Gruppen, Führungen, Sonderveranstaltungen (s. Homepage)

Anreise öV ab HB Zürich Tramlinie 6 bis Zoo, ab Bahnhof Stadelhofen/Bellevue Tramlinie 5

■ **Erlebnisreich**
Neben exotischen Tieren leben im Zoo auch Bauernhof- und Haustiere als Teil der vielfältigen Fauna.

Knies Kinderzoo – Rapperswil
Schmusen mit Zirkustieren

Näher als im Kinderzoo Knie erlebt man anderswo kaum die «wilden» Tiere. Hier leben aber auch Ponys und andere Haustiere. Füttern, Streicheln und Reiten gehören zum Programm.

Seit 1962 ist Knies Kinderzoo ein Familienmagnet. Man kann Zwergziegen streicheln, den Erdmännchen beim Sandbuddeln zusehen oder rätseln, wie lange ein Giraffenhals ist. Ein wenig Mut braucht es, will man sich auf den Rücken eines Elefanten oder eines Kamels durch die Anlage tragen lassen. In der artgerechten Tier-WG des Kinderzoos leben rund 300 Tiere und 36 Arten. In etwa zwei Jahren wird der Bau des 7000 m² grossen Elefantenparks mit einer raffinierten Landschaftsarchitektur mit unsichtbaren Begrenzungen für Mensch und Tier abgeschlossen sein: ein Stück Thailand mit möglichst authentischen Bedingungen für die Elefanten. Auch die Pinguine und Geparden erhalten neue Anlagen.
Obwohl im Tier-Eldorado nicht so rasch Langeweile aufkommen dürfte, ist bei den Kindern auch der grosse Abenteuerspielplatz mit den vielen Spielgeräten beliebt.

**Knies Kinderzoo
Oberseestrasse
8640 Rapperswil**
Tel. 055 220 67 67 InfoLine
Tel. 055 220 67 60 Sekretariat
b.sinniger@knieskinderzoo.ch
www.knieskinderzoo.ch

Eintritt
Kinder 4–16 Jahre CHF 6.–,
Ab 16 J. CHF 14.–, Ermässigung für Schulklassen, Kindergärten und Kinderhorte, IV-Bezüger (Ausweis) und Gruppen ab 10 Personen, Gratiseintritt für Geburtstagskinder

Seelöwenvorführung, Fütterung der Elefanten und der Kamele ist beim Einzeleintritt inbegriffen.

Öffnungszeiten
März bis Oktober
täglich 9–18 Uhr
(auch an Feiertagen)

Anreise öV Ab Bhf. Rapperswil ca. 5 Gehminuten, ab Schiffssteg ca. 15 Gehminuten

■ **Erlebnisreich**
- Elefanten-Tagwache: Mo–Fr 7–ca. 8.45 Uhr ist Audienz bei den Elefanten (nur auf Anmeldung)
- Abend-Spaziergang mit Apéro, ab 18 Uhr; Daten siehe Homepage

Buchdruckmuseum Graphos – Uster
Auf den Spuren Gutenbergs

Graphos Uster ist eine typographische «Werkstatt», in der die Entwicklung der Schrift gezeigt wird.

«Sehen, riechen, Hand anlegen» ist das Motto des Buchdruckmuseums GRAPHOS Uster. Der Rundgang beginnt bei der Entwicklungsgeschichte von Sprache und Schrift. Sie fängt bei der Keilschrift an und führt zur Ablösung der analogen Druckerei durch den Computer. Unter kundiger Anleitung können sich die Besucher als «Jünger Gutenbergs» betätigen und Schriftstücke oder Visitenkarten drucken. Im funktionstüchtigen Druckerei-Erlebnispark gibt es mindestens 550 mit Blei- und Holzbuchstaben gefüllte Setzkästen. Es sind auch Setzmaschinen und Buchdruckpressen vorhanden, beispielsweise eine Nachbildung der gutenbergschen Erfindung oder eine automatische Tiegeldruckpresse («Heidelberger»). Und das Schönste am Besuch im Museums: Wer Hand anlegt – auch beim Papierschöpfen –, darf das selbst geschaffene Produkt nach Hause mitnehmen.

GRAPHOS Uster
Berchtoldstrasse 10
8610 Uster

info@graphosuster.ch
www.graphosuster.ch

Eintritt Erwachsene ab 16 J. CHF 10.–, Ermässigung für Kinder (10–16 J.), Kinder unter 10 J. gratis
Führungen auf Anmeldung (079 779 08 41)

Öffnungszeiten
Mittwoch 15–19 Uhr, jeweils am 2. Samstag im Monat von 14–18 Uhr
weitere Führungen und Anlässe auf Anfrage

Anreise öV ab Bhf. Uster ca. 10 Gehminuten Richtung Zeughausareal

■ **Erlebnisreich**
Museumsdruckerei: Zwecks Finanzierung des ehrenamtlich geführten Museums werden exklusive Auftragsarbeiten ausgeführt. Spezialitäten: Heissfolienprägungen in Gold, Silber oder Kupfer und Blindprägungen. Angeboten werden auch Workshops und Projektwochen.

Bruno Weber Skulpturenpark – Dietikon
Eine faszinierende Fantasiewelt

Hinter dem roten Pfauentor beginnt ein von farbenfrohen Fabelwesen bevölkertes Zauberland.

Unten im Tal die laute, urbane Welt. Leicht erhöht am Hang im Skulpturengarten ein mystisches «Anderland» mit in Beton gegossenen und kunstvoll mit Mosaikplättchen verzierten Wesenheiten und Visionen: Das Wohn- und Atelierhaus erinnert an eine verwunschene Märchenburg mit einem 25 Meter hohen Turm. Jedes Detail des in überbordender Üppigkeit ausgestalteten Hauses ist durchdacht und hat eine besondere Funktion. Im 20 000 Quadratmeter grossen Park begegnet man mystischen, verspielten Gestalten, die Teil der gewachsenen Landschaft geworden sind: auf Einhörnern reitenden Vogelfrauen, glubschäugigen Dickbäuchen, sich aufbäumender Schlange, eine begehbare Brücke bildend, staksigen, lichtertragenden Hirschen, einem 103 m langen Flügelhund, der den Wasserteich bewacht und über dessen gewelltem Rücken man spazieren kann. Wie im Schloss der Meerjungfrau kommt man sich im Wassergartensaal vor.

Mit kindlicher Neugier macht sich Jung und Alt auf, um die von Bruno Weber in jahrzehntelanger Arbeit erschaffene Fantasiewelt zu entdecken. Obwohl der Künstler im Jahr 2011 verstorben ist, wächst sein surreales Reich weiter. Die «Freunde des Bruno Weber Skulpturenparks» sorgen dafür, dass das Lebenswerk erhalten bleibt und die noch der Vollendung harrenden Ideen und Pläne des kreativen Schaffers realisiert werden.

Bruno Weber Skulpturenpark
Zur Weinrebe
8953 Dietikon

Tel. 044 740 02 71
skulpturpark@bruno-weber.ch
www.bruno-weber-skulpturenpark.ch

Öffnungszeiten April bis Oktober Mi 13–18 Uhr, Sa/So 11–18 Uhr
November bis März
So 11–17 Uhr

Führungen (je nach Wetter)
Sa/So 14 Uhr
Gruppenführungen
mit Anmeldung ganzjährig
www.bruno-weber.ch

Eintritt Erwachsene CHF 12.–, mit Führung CHF 18.–, Ermässigung für Kinder (6–16 J.), Studenten, IV-Bezüger, Senioren und Familien

Anreise öV mit Bus ab Bhf. Dietikon bis Haltestelle Gjuchstrasse, Fussweg bis zur Stadthalle/Seepferdchen-Kreisel und weiter bergauf (ca. 30 Gehminuten)

■ **Erlebnisreich**
Skulpturenweg: Von Dietikon (Bhf.) und Spreitenbach (Bibliothek im Langäcker) führt je ein Skulpturenweg zum Bruno Weber-«Paradiesgarten» (je ca. 30 Gehminuten). Anlässe im Skulpturengarten (www.bruno-weber.ch)

Trampolino – Das Kinderparadies – Dietikon
Ein buntes Kinderparadies

Grosse Indoor-Klettergerüste, Kinder-Riesenrad, Hüpfburg, Riesenschaukel, Miniscooter, zehn Trampoline und vieles mehr.

Trampolino
Lerzenstrasse 27
8953 Dietikon

Tel. 044 740 07 31
spass@trampolino.info
www.trampolino.info

Öffnungszeiten
Di–Fr 13–18.30 Uhr,
Sa/So/Feiertage 10.30–18.30 Uhr
(für Gruppen ab 50 Kinder auf Anfrage)

Adventure Park Rheinfall – Neuhausen [1]
Der Rheinfall aus der Vogelperspektive

Der Seilpark mit 140 verschiedenen Parcours für Anfänger und Fortgeschrittene garantiert ein unvergessliches Naturerlebnis in den Baumwipfeln mit einem atemberaubenden Blick direkt auf den Rheinfall. Kinderparcours, Verpflegungsmöglichkeit und Feuerstelle.

Adventure Park Rheinfall
Nohlstrasse
8212 Neuhausen

Tel. 052 670 19 60
info@ap-rheinfall.ch
www.ap-rheinfall.ch

Öffnungszeiten
April bis Oktober 10–19 Uhr

BodyFlying – Rümlang [2]
Der Traum vom Fliegen geht in Erfüllung

Im Windkanal Schritt für Schritt das Tunnelfliegen erlernen und geniessen.

BodyFlying Airodium AG
Oberglatterstrasse 35
8153 Rümlang

Tel. 044 817 02 09
info@bodyflying.ch
www.bodyflying.ch

Öffnungszeiten
Januar/Februar Sa/So 10.30–21 Uhr
März/April Do/Fr 13.30–22 Uhr,
Sa/So 10.30–21 Uhr
Mai bis Dezember Mi–Fr 13.30–22 Uhr,
Sa/So 9.30–21 Uhr

Schabziger Höhenweg – Filzbach [4]
Auf den Spuren des wildwürzigen Zigerstöckli

12 Kilometer lange, wunderschöne Wanderung durch das idyllische Glarnerland mit 10 Infotafeln rund um den würzigen Schabziger und dessen Geschichte. Auf dem Weg befinden sich vier Berggasthäuser, welche Glarner- und Zigerspezialitäten auftischen.

8757 Filzbach/Habergschwänd

www.schabzigerhoehenweg.com

Sesselbahn Filzbach–Habergschwänd
Mai bis Oktober, 8.30–17 Uhr

Start: Beim Restaurant Habergschwänd,
Ziel: Glarus SBB

Ostschweiz

Schloss Arenenberg, Napoleonmuseum Salenstein Der Franzosenkaiser war ein Schweizer

Noch heute widerspiegelt das Schloss Arenenberg die feine französische Lebensart, die von Königin Hortense, Mutter des späteren Kaisers Napoleon III., gepflegt wurde.

Napoleon III. war französisch-schweizerischer Doppelbürger, Artilleriehauptmann in der Schweizer Armee und Ehrenbürger von Salenstein. Mit seiner Mutter Hortense – Tochter von Napoleon Bonapartes erster Frau Joséphine und mit dem Bruder des Kaisers verheiratet – lebte Louis in seiner Jugend meist auf «Arenenberg». Die schöne, gebildete und musisch begabte Hortense kam nach dem Sturz und der Verbannung von Napoleon I. in die Schweiz. Sie liess das im 16. Jh. als «Lusthaus» erbaute Schloss mit viel Sachverstand herrichten. Bis zu ihrem Tod fanden sich auf dem idyllischen Anwesen viele berühmte Vertreter aus Musik, Literatur, Kunst und Politik ein. 1837 starb die Schlossherrin. 1843 veräusserte ihr Sohn Louis das Anwesen mit Blick auf den Bodensee. Dessen Frau Eugénie kaufte es 1855 zurück. Auch nach dem Tode ihres Gatten, Napoleon III., hielt sie sich noch mehrmals im «Arenenberg» auf. 1906 schenkte sie das Anwesen dem Kanton Thurgau mit der Auflage, es der Öffentlichkeit zugänglich zu machen. Das Schloss Arenenberg ist das einzige deutschsprachige Museum zur napoleonischen Geschichte. Ausstattung und Mobiliar sind im Empire-Stil. Viele persönliche Gegenstände der kaiserlichen Familie geben den frei zugänglichen Räumen eine intime Ambiance. Der 13 ha grosse Park, im Stil eines englischen Landschaftsgartens, ist inzwischen wieder fast im Originalzustand. Zu den Kleinoden des Parks gehören eine Einsiedelei, eine Eremitage und ein Aussichtspavillon. Kuriositäten sind der Eiskeller und ein Gewölbe, möglicherweise Teil eines historischen Plumpklos.

**Napoleonmuseum Thurgau
Schloss und Park Arenenberg
8268 Salenstein**

Tel. 071 663 32 60
napoleonmuseum@tg.ch
www.napoleonmuseum.ch

Öffnungszeiten
April bis Mitte Oktober
Mo–So 10–17 Uhr
Mitte Oktober bis März
Di–So 10–17 Uhr
Weihnachten bis Mitte Januar
geschlossen

Eintritt Erwachsene CHF 12.–, Ermässigung für Kinder, Studenten und Familien

Anreise öV ab Bhf. Mannenbach-Salenstein ca. 15 Gehminuten, ab Bhf. Ermatingen und Bhf. Müllheim-Wigoltingen fahren Postautos bis zum Schloss.

■ **Erlebnisreich**
- In den Ökonomiegebäuden sind das Land- und Hauswirtschaftliche Bildungs- und Beratungszentrum (BBZ) des Kantons Thurgau sowie die Grundausbildungsstätte für Instrumentenbau untergebracht.
- Bodensee-Schifffahrt: Schlossbesuch mit einer Schifffahrt auf dem Bodensee verbinden (Schifffahrt Untersee/Rhein www.urh.ch oder Bodensee-Schiffsbetriebe www.bsb-online.ch)

Saurer-Museum Arbon
Brummis mit langen Schnauzen

1993, zehn Jahre nach der Auslieferung des letzten Lastwagens, wurde das Saurer-Museum in Arbon gegründet. Ein Eldorado für Truck-Fans und Oldtimerfreunde.

Als Saurer in den 1980er-Jahren die Produktion ihrer Nutzfahrzeuge einstellte, war das ein Dämpfer für die Truck-Fans. Einerseits gehörte die Ostschweizer Firma fast ein Jahrhundert lang zu den wenigen Schweizer Herstellerinnen von Lastwagen und Nutzfahrzeugen. Anderseits hat sie den Fahrzeugbau mit ihren Erfindungen revolutioniert. Was 1896 mit Lastwagen und Automobilen begann und sich ab 1903 ganz auf schwere Nutzfahrzeuge konzentrierte, galt auch im Ausland als Symbol für Schweizer Qualität. In verschiedenen Ländern wurden Lastwagen, Militärfahrzeuge, Autos und Trolleybusse in Lizenz hergestellt. Im Saurer-Museum ist seit der Neueröffnung im Jahr 2010 eine ganze Oldtimer-Flotte zu bewundern.

Das älteste Museumsobjekt auf Rädern im ehemaligen Saurer-Werk 1 wurde 1911 gebaut. Legendär der M8, das erste schwere Militär-Geländefahrzeug. Angesichts der auf Hochglanz polierten Fahrzeuge vergisst man, dass sich Franz Saurer schon 1853 auf die Herstellung von Textilmaschinen spezialisierte. Dieser Bereich hat den Lastwagenbau überlebt: Seit Anfang der 1990er-Jahre konzentriert sich die Saurer AG wieder ganz auf die Herstellung von Stick- und Webmaschinen. Die heute zur OC Oerlikon gehörende Firma zählt in der Branche weltweit zu den wichtigsten Herstellern. Kein Wunder, dass auch dieser Sparte viel Platz eingeräumt wird: Die «Chlüpperli»-Maschine beispielsweise hat mehr als Nostalgiewert – das Objekt, Jahrgang 1860, ist die allererste Stickmaschine des Arboner Unternehmens.

Saurer-Museum Arbon
Weitegasse 6
(Eingang Seeseite)
9320 Arbon

Tel. 071 243 57 57
ocs@bsg.ch
www.saurermuseum.ch
www.saureroldtimer.ch

Öffnungszeiten
täglich von 10–18 Uhr geöffnet (über Weihnachten/Neujahr geschlossen, s. Homepage), Gruppenführungen ganzjährig auf Anmeldung (auf Wunsch mit Textilmaschinen-Demonstration)

Eintritt Erwachsene CHF 8.–, Ermässigung für Kinder und Gruppen ab 10 P., Kinder bis 16 J. in Begleitung von Erwachsenen gratis. Tickets im Hotel WunderBar beim Saurer-Museum lösen.

Anreise öV bis Arbon, wenige Gehminuten bis zum Museum

■ **Erlebnisreich**
- Jeweils am ersten Sa/So des Monats gibt ein OCS-Mitglied Auskunft.
- Nicht nur Technikfreaks kommen auf ihre Rechnung. Es gibt auch zauberhafte Stickereien oder handfeste Stoffe zu bewundern, die auf Saurer Stick- und Webmaschinen hergestellt wurden.

Textilmuseum St. Gallen
Spitzenmässiger Augenschmaus

Einsame «Spitze» ist die Sammlung des 1878 zur Förderung der heimischen Textilindustrie gegründeten Textilmuseums.

Die Herstellung von Stoffen und Stickereien spielte in der Ostschweiz während Jahrhunderten eine sehr wichtige Rolle. Maschinen haben die Handarbeit allmählich verdrängt. Doch die Haute Couture, die ebenfalls im ausgehenden 19. Jh. ihren Anfang nahm, setzte weiterhin auf St. Galler Spitzen. Weitsichtige Textilindustrielle regten damals an, die Mustersammlung aus früheren Jahrhunderten als Inspirationsquelle für die Ostschweizer Hand- und Maschinenstickereien zusammenzuführen. Während die Fabrikantenfamilie Iklé dem im Jahre 1878 gegründeten Museum grosse Teile ihrer wertvollen Textilien- und Spitzen-Sammlung überliess, gaben andere Firmen ihre auf die interne Produktion abgestimmten Musterkollektionen nicht heraus. Es dauerte Jahre, bis auch diese individuellen Sammlungen ins Museum integriert werden konnten. Heute sind es rund 30 000 Objekte: Stoffe aus altägyptischen Gräbern, Stickereien vom Mittelalter bis zur Neuzeit, handgearbeitete Spitzen von bedeutenden Herstellern aus ganz Europa, völkerkundliche Textilien, historische Kostüme bis zur zeitgenössischen Textilkunst. Zwischen April und Dezember finden regelmässig viel beachtete Sonderausstellungen statt.

Textilmuseum St. Gallen
Vadianstrasse 2
9000 St. Gallen

Tel. 071 222 17 44
info@textilmuseum.ch
www.textilmuseum.ch

Öffnungszeiten ab Ende März bis Ende Dezember täglich von 10–17 Uhr, Do bis 19 Uhr, geschlossen Weihnachten und Neujahr, Karfreitag, Gruppen ganzjährig nach Voranmeldung

Öffentliche Führungen: siehe Homepage

Eintritt Erwachsene CHF 12.–, Ermässigung für Rentner, Lehrlinge, Studenten sowie Gruppen ab 10 P., Kinder bis 16 J. gratis

Anreise öV ab HB St. Gallen wenige Gehminuten

■ **Erlebnisreich**
Textilbibliothek: grosser Fundus an Publikationen, die alle textilen Fachbereiche und die damit zusammenhängenden gestalterischen Gebiete sowie urheberrechtlich geschützte Musterbücher, japanische Textilkunst, Modefotografien und -zeichnungen usw. beinhalten

Stiftsbibliothek St. Gallen
1200 Jahre Buchkunst

Seit 1983 gehört der Stiftsbezirk St. Gallen mit der ältesten Bibliothek der Schweiz zum UNESCO-Weltkulturerbe. «Herzstück» sind Handschriften und Druckwerke aus der Zeit bis 1520.

Bereits der um 820 erstellte «Karolingische Klosterplan», der älteste Bauplan Europas, enthielt eine Bibliothek mit Skriptorium. Mitte 18. Jh. wurde der prachtvolle Barocksaal erbaut, der mehr als 1200 Jahre Buchkunst mit über 30 000 gedruckten Büchern – und je nach Aussstellungsthema wechselnden Handschriften – beherbergt. Vor allem die Handschriften-Sammlung aus der Zeit zwischen dem 8. und 11. Jh. gilt als einmaliges Kulturerbe. Im frühen Mittelalter lebten im Kloster St. Gallen viele gelehrte Mönche; die Klosterschule genoss hohes Ansehen. Auch Dichter, Schreiber, Maler sowie Mystiker und Musiker trugen dazu bei, dass die Abtei St. Gallen zu einem der wichtigsten kulturellen Zentren Europas wurde. Viele der sorgsam in einer der weltgrössten Klosterbibliotheken gehüteten Schriften sind mit Initialen und farbigen Illustrationen geschmückt. Hier wird auch das älteste auf Deutsch geschriebene Buch aufbewahrt. Ebenfalls von grossem Wert sind die Inkunabeln (Druckwerke bis 1500) und die zwischen 1501 und 1520 entstandenen Frühdrucke. Manche Rarität befindet sich auch unter den späteren Druckwerken. Angesichts der bewegten Zeit im Mittelalter und in der Reformationszeit und der Klosteraufhebung im Jahr 1805 mutet es wie ein Wunder an, dass der Bücherschatz fast unversehrt erhalten geblieben ist.

Stiftsbibliothek St. Gallen
Klosterhof 6D
9004 St. Gallen

Tel. 071 227 34 16
Infotel 071 227 34 15
(Öffnungszeiten)
stibi@stibi.ch
www.stiftsbibliothek.ch
www.stibi.ch

Öffnungszeiten
Stiftsbibliothek/Lapidarium
Mo–Sa 10–17 Uhr, So 10–16 Uhr

Eintritt Stiftsbibliothek/ Lapidarium Erwachsene CHF 12.–, Ermässigung für Schüler, Studenten und Gruppen ab 10 Personen. Gruppenführungen ganzjährig, Anmeldung erforderlich

Kathedrale täglich offen von 9–18 Uhr (Gottesdienste und Beichtzeiten beachten)

Anreise öV ab St. Gallen HB ca. 10 Gehminuten durch die verkehrsfreie St. Galler Altstadt

■ **Erlebnisreich**
- Handschriften werden laufend digitalisiert: www.cesg.unifr.ch.
- Klosterviertel/Kathedrale: 719 wurde das Kloster St. Gallen von Otmar gegründet, dort, wo sich Gallus 612 niedergelassen haben soll. Die ältesten Teile der fast tausendjährigen Klosterkirche wurden von 1755–1767 durch eine Kathedrale im spätbarocken Stil ersetzt.

Pestalozzi-Kinderdorf – Trogen
Bildung als Mittel gegen Armut

Das 1944 gegründete Schweizer Kinderhilfswerk und das Pestalozzi-Kinderdorf in Trogen sind Vorbilder für viele Projekte auf der ganzen Welt.

Zwei Stockwerke sind im Besucherzentrum des Kinderdorfes Pestalozzi reserviert, um die eindrückliche Geschichte des humanitären, von Walter R. Corti gegründeten Werks aufzuzeigen. Neben Bildern und Texten ist auch die legendäre Schreibmaschine zu sehen, auf welcher der Gründervater seine Beiträge für das Magazin «du» schrieb. Das Kinderdorf wurde durch Sammelaktionen, Fronarbeit und Solidarität der Appenzeller und des ganzen Schweizer Volks ermöglicht, die das visionäre Werk seit der Nachkriegszeit bis heute mittragen. Fotos und Geschichten geben der ehemaligen und aktuellen «Dorfbevölkerung» ein berührendes Gesicht. Fanden anfangs vor allem Kriegswaisen aus Europa im 1946 eröffneten Kinderdorf Pestalozzi in Trogen Aufnahme, wurde es später zum kleinen «Völkerbund», in dem Kinder aus verschiedensten Kulturen eine neue Heimat fanden. Heute beschränkt sich die Arbeit längst nicht mehr nur auf die aus 30 Häusern bestehende Dorfgemeinschaft. Es werden weltweit mehrere Dutzend Projekte unterstützt, die jährlich über 300 000 Kindern Schutz, Ausbildung und eine bessere Zukunft ermöglichen. Damit auch im Zentrum Trogen die Arbeit für ein auf Verständnis, Konsens und Integration ausgerichtetes Zusammenleben von benachteiligten Kindern und Jugendlichen weitergeführt werden kann, ist eine Totalerneuerung der teils im Appenzeller Stil erbauten Häuser dringend notwendig. Zukunftsmusik ist der Neubau eines Zentrums für Lernen und Austausch.

Stiftung Kinderdorf Pestalozzi
Kinderdorfstrasse 20
9043 Trogen

Tel. 071 343 73 73
kinderdorf@pestalozzi.ch
www.pestalozzi.ch

Öffnungszeiten Besucherzentrum
November bis März
Mi 13.30–16.30 Uhr,
Sa/So 10–16.30 Uhr
April bis Oktober
Di–Fr 13.30–16.30 Uhr,
Sa/So 10–16.30 Uhr
(an Feiertagen geschlossen)

Öffentliche Führungen
am 1. Sonntag im Monat
von 14–15 Uhr
Familiensonntage
(s. Homepage)
Führung auf Anmeldung:
nur Besucherzentrum (1 Std.),
mit Dorfrundgang (90 Min.)
Preise (s. Homepage)

Eintritt Erwachsene CHF 8.–, Kinder unter 8 J. gratis, Ermässigung bis 16 J., für Lehrlinge, Studenten, Senioren und Behinderte sowie Gruppen ab 10 P., Familieneintritt CHF 20.– (wenn günstiger als Einzelbillett)

Anreise öV S-Bahn ab St. Gallen bis Trogen, ca. 10 Gehminuten (markierter Weg)

Kartause Ittingen – Warth
Rosen, Kultur und Gastfreundschaft

Lebensraum für viele, inspirierende Bildungs- und Kulturstätte, Ort der spirituellen Einkehr: Die Kartause Ittingen ist ein Labsal für Sinne und Seele.

Wer durch das Tor beim Pförtnerhaus tritt, befindet sich in einer Welt, die Vergangenheit und Gegenwart vereint. Der Blick fällt auf den weiten, von historischen Ökonomiegebäuden gesäumten Platz. Im nordöstlichen Teil befindet sich das sakrale Zentrum mit der im Mittelalter erstellten und im 18. Jh. im verspielten Rokokostil umgebauten Kirche. Der Kreuzgarten wird eingerahmt von altersgrauen, spitzgiebligen Mönchsklausen. Gartenfreunde wenden sich der Rosenpracht zu: Was die blütenumrankten Aussenmauern erahnen lassen, wird im weitläufigen Garten zu einer duftenden Märchenwelt. Die Anlage umfasst zwölf Sektoren mit über tausend Rosenstöcken, einen Heilkräutergarten und ein Thymianlabyrinth. Sie gehört zu den schönsten historischen Gärten der Schweiz.

Die Kartause geht ins 12. Jh. zurück: Das von Albert von Ittingen gegründete Augustiner-Chorherrenstift wurde im 15. Jh. von den Kartäusern übernommen. Nach der Klosteraufhebung im Jahr 1848 diente die Domäne einer Thurgauer Familie als Landjunkersitz. Unterstützt vom Bund und den Kantonen Thurgau und Zürich sowie Privaten wurde das Anwesen 1977 in die privatrechtliche Stiftung Kartause Ittingen überführt. Bei der Restauration blieb die historische Bausubstanz weitgehend erhalten und wurde durch moderne, behutsam integrierte Elemente ergänzt.

**Kartause Ittingen
8532 Warth**

Tel. 052 748 44 11
info@kartause.ch
www.kartause.ch

Öffnungszeiten Garten/ Restaurant
täglich 8.30–23.30 Uhr

Öffnungszeiten Klosterladen
Mo 13.30–18 Uhr,
Di–Fr 9.30–12.15/13.30–18 Uhr,
Sa/So 10–12.15/13.30–18 Uhr
Eintritt in die öffentlichen Bereiche gratis

Anreise öV Postauto ab HB Frauenfeld bis Haltestelle Warth Post, 10 bis 15 Gehminuten bis zur Kartause

Kunstmuseum Thurgau und Ittinger Museum Kartause Ittingen

Tel. 058 345 10 60
www.kunstmuseum.tg.ch
kunstmuseum@tg.ch
www.kartause.ch

Öffnungszeiten
Mai bis September
täglich 11–18 Uhr
Oktober bis April
Mo–Fr 14–17 Uhr, Sa/So 11–17 Uhr,
Feiertage 11–17 Uhr

Eintritt (Besuch der Museen) Erwachsene CHF 10.–, nur Klosterkirche CHF 5.–. Ermässigung Personen in Ausbildung sowie AHV / IV CHF 7.–. Kinder/Jugendliche bis 16 Jahre und Schweizer Museumspass freier Eintritt.

Heute gilt die Kartause Ittingen als Kulturdenkmal von nationaler Bedeutung. Unter ihrem Dach vereinigt sie ein Schulungs- und Tagungszentrum, ein Heim mit Werkbetrieb für Menschen mit besonderen Bedürfnissen, eine gepflegte Gastwirtschaft mit leistungsfähiger Küche, von der auch die Hotellerie mit Seminar- und Bietträumen profitiert. Der klösterlichen Selbstversorgungstradition entsprechend stammen viele Lebensmittel vom landwirtschaftlichen Gutsbetrieb mit Käserei, Metzgerei, Forellenzucht, Gärtnerei und Rebbergen. Aus dem ebenfalls hier angebauten Hopfen wird das Ittinger Klosterbier gebraut. Viele Eigenprodukte sind im Klosterladen erhältlich.

Erlebnisreich
In der inneren Klausur befinden sich das Kunstmuseum Thurgau und das Ittinger Museum mit einer Ausstellung über den Alltag und das Wirken der Kartäuser.

Appenzeller Alpenbitter
Zaubertrank mit Kultstatus

Nach altem Rezept wird aus 42 Ingredienzen eine hochprozentige «Medizin» gebraut, die weit über Appenzell hinaus bekannt ist.

Am Sitter-Ufer, unweit vom Bahnhof, befindet sich ein Besuchermagnet, der jährlich Hunderte von Neugierigen anzieht: die Produktionsstätte des Appenzeller Alpenbitters. Was im Mittelalter von Mönchen und Heilerinnen als appetitanregende und verdauungsfördernde Medizin gebraut wurde, ist 1902 in Appenzell «neu erfunden» worden und geniesst heute in weiten Kreisen Kultstatus. Und weil die Appenzeller stolz auf ihre Mythen sind, ist das Rezept ebenso geheim wie jenes des Appenzeller Käses. Der Blick in die Distillerie mit den kupfer- und chromglänzenden Anlagen ist beeindruckend. In der Kräuterkammer duftet es wie in einer altmodischen Apotheke. Hier werden die Zutaten aufbewahrt: 42 getrocknete Kräuter, Blätter, Blüten, Rinden, Samen und Wurzeln. Wohl dosiert und in einem aufwändigen Verfahren mazeriert oder destilliert, geben sie dem aus Wasser, Alkohol, Zucker, Süsswein und Weinbrand bestehenden Digestif das typische Bitteraroma.

Appenzeller Alpenbitter AG
Weissbadstrasse 27
9050 Appenzell

Tel. 071 788 37 88
info@appenzeller.com
www.appenzeller.com

Führungen kostenlos (Dauer ca. 1,5 Std.) ohne Anmeldung April bis Oktober jeden Mittwoch, 10 Uhr, für Gruppen ab 10 Personen jederzeit nach Vereinbarung

Öffnungszeit Verkaufsladen Mo–Fr 8–11.30 und 13.30–17 Uhr

Anreise öV ab Bahnhof Appenzell wenige Gehminuten

Appenzellerland
Das Land der 1000 Hügel

Was das Appenzellerland in landschaftlicher, kultureller, kulinarischer und sportlicher Hinsicht so reizvoll macht? Man muss es selbst herausfinden.

Bilderbuchlandschaft vom 2504 m hohen Säntis bis zum Bodensee. Malerische Ortschaften und wie Spielzeuge auf grüne Hügel gesetzte Bauernhäuser. Die beiden Halbkantone Appenzell Innerrhoden und Ausserrhoden gehören zu den kleinsten politischen Gebilden in der Schweiz. Sie bilden ein vielschichtiges Voralpenparadies mit Menschen, die ihre Heimat lieben und örtlich verankerte Bräuche und Traditionen mit Stolz pflegen: Unverwechselbar sind ihre «Zäuerli und Rugguuseli», die Hackbrett-Musik und das Talerschwingen, die malerischen Alpauf- und -abzüge, die Silvesterchläuse. Legendär sind der «träfe» Witz, der «rässe» Käse, der würzige Appenzeller Biberfladen, das «quöllfrische» Bier und vieles mehr. Appenzell ist stolz, mit weniger als 6000 Bewohnern der kleinste Kantonshauptort der Schweiz zu sein. Ein schmucker Ort: Hier die mit farbenprächtiger Ornamentik verzierten Gebäude im Zentrum rund um den Landsgemeindeplatz und die vielen Wirtshäuser mit einheimischen Spezialitäten auf der Speisekarte. Da die stattliche Pfarrkirche, das Schloss, die lauschigen Gässchen, die Kunstwerke von Roman Signer am Adlerplatz. Appenzell hat sich herausgeputzt, als ob jeder Tag ein Festtag wäre.

Appenzellerland
Appenzell Tourismus
Hauptgasse 4
9050 Appenzell

Tel. 071 788 96 41
info@appenzell.ch
www.appenzell.ch

■ **Erlebnisreich**
- Wildkirchli mit prähistorischer Höhle (bei der Ebenalp)
- Alpsteinmassiv mit Säntisgipfel (mit Seilbahn oder auf vielen Bergwegen erreichbar)
- NaturErlebnispark Schwägalp/Säntis (www.saentisbahn.ch)
- Themen-Wanderwege: Barfussweg von Jakobsbad nach Gontenbad
- geologischer Wanderweg vom Hohen Kasten bis zur Saxerlücke
- Witzweg von Heiden nach Walzenhausen

Schaukäserei – Stein AR
Das Geheimnis des «Appenzellers»

Sein Geheimnis ist die Kräutersulz. Die Schaukäserei Stein zeigt, wie der würzigste Exportartikel des Appenzellerlands entsteht.

Würzig ist er auf jeden Fall – von mild bis «räss», je nach Reifegrad. Das verdankt der Appenzeller Käse® einer Kräutermischung, mit der die Laibe regelmässig eingerieben werden. Die Sulz besteht aus Weisswein, Hefe, Salz sowie ein paar Dutzend verschiedenen Kräutern, Gewürzen, Wurzeln und Samen. Im Gegensatz zur Herstellung gehört das seit mehr als 700 Jahren bekannte Rezept zu den bestgehüteten Geheimnissen im Appenzellerland. 1978 wurde in Stein die erste Schaukäserei der Schweiz eröffnet. Der Blick von der Zuschauergalerie in den modernen Produktionsbetrieb ist interessant. Noch spannender ist die Reise durch die verschiedenen Stationen der Käseherstellung dank der interaktiven iPad-Führung, die sich dem individuellen Tempo anpassen lässt. Zu den eindrücklichen Höhepunkten zählt der Käsekeller, in dem über 6000 Appenzeller-Laibe lagern und regelmässig gepflegt werden.

Erlebnisreich
Appenzeller Volkskunde-Museum (neben Schaukäserei): Die Ausstellung ist der Appenzeller Sennenkultur und der Heimtextilindustrie gewidmet. In einer rekonstruierten Alphütte wird von April bis Oktober jeden Nachmittag und von November bis März am Samstagnachmittag Käse über dem Holzfeuer hergestellt. Museum offen Di–So 10–17 Uhr, www.appenzeller-museum-stein.ch

---

Appenzeller Schaukäserei
Dorf 711
9063 Stein

Tel. 071 368 50 70
info@schaukaeserei.ch
www.schaukaeserei.ch

Öffnungszeiten täglich
April bis Oktober
8.30–18.30 Uhr
November bis März
8.30–17.30 Uhr
Restaurant November bis März auch am Freitagabend offen

Eintritt Besichtigung Appenzeller Schaukäserei oder Appenzeller Volkskunde-Museum Erwachsene CHF 10.–, Kinder bis 16 J. CHF 5.–, Familien CHF 20.–
Besichtigung Schaukäserei und Volkskunde-Museum Erwachsene CHF 15.–, Kinder bis 16 J. CHF 5.–, Familien CHF 30.–. (Käsedegustation inbegriffen)
Gruppenführungen (max. 50 Personen) auf Anmeldung

Gegen ein Depot wird an der Kasse ein iPad abgegeben.

Anreise öV ab Bhf. St. Gallen oder ab Bhf. Herisau mit dem Postauto bis Stein-Post

Klangweg Toggenburg – Alt St. Johann ❶
Für Gross und Klein ein Natur- und Klangerlebnis

Start möglich bei den Bergstationen Sellamatt, Iltios oder Oberdorf. Wanderzeit etwa 3 Stunden. Mit Klangerlebnis und Pausen ca. 5 Stunden.
24 Klanginstallationen zum Ausprobieren und Spielen säumen diesen Weg durch das malerische Toggenburg und lassen die Besucher verblüffende Klangerfahrungen machen.

KlangWelt Toggenburg
Undermüli 241
9656 Alt St. Johann

Tel. 071 998 50 00
info@klangwelt.ch
www.klangweg.ch

Öffnungszeiten
Juni bis Oktober

Chnobelweg – Hemberg ❷
Wandern und Tüfteln

Auf diesem kinderfreundlichen Weg findet man Experimentier- und Denkspiele mit unterschiedlichem Schwierigkeitsgrad mit Nägeln, Holzstecken und Holzklötzen. Ein nachhaltiger Spass für Gross und Klein.

Hemberg-Tourismus
Verkehrsverein Hemberg-Bächli
9633 Hemberg

Tel. 071 377 11 44
info@hemberg-tourismus.ch
www.hemberg-tourismus.ch

Start und Ziel beim Restaurant Rössli, Bächli (Hemberg)

Zentral-
schweiz

Tierpark und Bergsturzmuseum – Goldau
Naturkatastrophe – ein Glücksfall für Wildtiere

1806 brachte der Felssturz Tod und Zerstörung. 1925 entstand auf dem Schuttkegel der Tierpark Goldau.

Eine urtümliche Landschaft mit knorrigen Bäumen – nur die wild aufeinandergetürmten Felsbrocken lassen etwas von der Naturgewalt erahnen, die drei zwischen dem Rossberg und der Rigi gelegene Dörfer verschütteten. 1925 wurde dieses Wald, Felsen, Feuchtland und Gewässer umfassende Gebiet unter Schutz gestellt. Kaum mehr sichtbar sind auch die Wunden der zweiten Katastrophe: Ende 1999 hatte Orkan «Lothar» viele Gehege und fast achtzig Prozent des Baumbestandes zerstört. In diesem inzwischen 34 ha umfassenden Naturrefugium leben rund 100 seltene, in der Schweiz und Europa heimische Wildtierarten. In der grossen Freilaufzone sind Begegnungen mit Mufflons und verschiedenen Hirscharten an der Tagesordnung. «Bambi» lässt sich sogar füttern. Mehr Glück braucht, wer Luchse und andere scheue Bewohner sehen will.
Ein zoologischer Höhepunkt ist die 2009 eröffnete Erweiterung Grosswiyer für Bären und Wölfe: In den weitläufigen Gehegen können die Tiere bei der Futtersuche, beim Baden, Fischen, Klettern und bei der Fortpflanzung beobachtet werden.
In Ausstellungen, Workshops und während begleiteten Führungen lernt man die Tierpark-Bewohner und ihre Lebensräume kennen. Der Goldauer Tierpark wird nach wissenschaftlichen Kriterien geführt und arbeitet mit anderen Zoos zusammen. Der Nachwuchs von bedrohten europäischen Arten wird teils mit Erhaltungszuchtprogrammen an geeigneten Standorten wieder angesiedelt.

Natur- und Tierpark Goldau
Parkstrasse 40
6410 Goldau

Tel. 041 859 06 12
info@tierpark.ch
www.tierpark.ch

Öffnungszeiten
April bis Oktober
Mo–Fr 9–18 Uhr, Sa/So 9–19 Uhr
November bis März
Mo–So 9–17 Uhr

Eintritt Erwachsene CHF 18.–, Ermässigung für Kinder, Lehrlinge, Studenten, Familien und Gruppen ab 10 Personen (s. Homepage)

Bergsturzmuseum (Tierpark-Eingang)

Öffnungszeiten
Mitte März bis Ende Oktober
Mi/Fr/Sa 14–17.30 Uhr
So/Feiertage 13.30–17.30 Uhr

Eintritt Erwachsene CHF 3.–, Ermässigung für Kinder, Familien und Gruppen. Gruppen bei Anmeldung auch ausserhalb der Öffnungszeiten möglich
Tel. 079 331 19 83

Anreise öV ab SBB-Bhf. Arth-Goldau etwa 5 Gehminuten

■ **Wanderungen**
- «Bergsturzspur»: Thema-Wanderweg zum Goldauer Bergsturz (www.bergsturz.ch)
- Wanderung zum Lauerzersee und mit der Fähre zur Insel Schwanau

Bundesbriefmuseum – Schwyz
Die Geschichte der Eidgenossenschaft

Sie legten die Basis für die historische Schweiz: im **Bundesbriefmuseum Schwyz** befinden sich wertvolle Originaldokumente von 1291 bis 1513.

Lange Zeit war der Besuch der «heiligen» Stätten Rütli, Hohle Gasse, Tellsplatte und Bundesbriefarchiv Ziel vieler Schulreisen oder gehörte zum Pflichtprogramm der geistigen Landesverteidigung. Ältere Menschen dürften sich noch an den «Rütlischwur» erinnern, welcher die Eingangsfront des Bundesbriefmuseums als monumentales Fassadenbild ziert. Im grossen Ausstellungssaal des im Jahre 1936 erbauten Gebäudes haben die im Mittelalter gesiegelten Originalurkunden der Alten Eidgenossenschaft einen würdigen Platz gefunden.

Erlebnisreich
- Ital Reding-Hofstatt: Das 1609 erbaute Herrenhaus gilt als schönster Profanbau in Schwyz. Er beherbergt im 1. Stock ein Wohnmuseum mit Möbeln aus dem 17. und 18. Jahrhundert.
- «Bethlehem»: Ein von der Witterung gegerbtes Holzhaus mit gemauertem Sockel. Es wurde 1287 erbaut und gilt als ältestes komplett erhaltenes Holzwohnhaus aus dem Mittelalter. Im Innern sind Wandmalereien aus dem 16. Jh. sichtbar.

Bundesbriefmuseum
Bahnhofstrasse 20
6430 Schwyz

Tel. 041 819 20 64
bundesbriefmuseum@sz.ch
www.bundesbriefmuseum.ch

Öffnungszeiten
Mai bis Oktober
Di–Fr 9–11.30 / 13.30–17 Uhr
Sa/So 9–17 Uhr
November bis April
Di–Fr 9–11.30 / 13.30–17 Uhr
Sa/So 13.30–17 Uhr

Eintritt Erwachsene CHF 4.–, Ermässigung für Studenten/ Lehrlinge (mit Ausweis). Militär in Uniform und Kinder bis 16 J. gratis. Gruppen auf Anmeldung auch ausserhalb dieser Zeiten

Anreise öV ab Bhf. SBB Schwyz Bus 1 und 7 bis Haltestelle Post

**Ital Reding-Hofstatt /
Haus Bethlehem Schwyz**
Rickenbachstrasse 14
6431 Schwyz

Tel. 041 811 45 05
info@irh.ch
www.irh.ch

Öffnungszeiten
April bis November
Di–Fr 14–17 Uhr
Sa/So 10–12 und 14–17 Uhr

Eintritt Erwachsene CHF 5.–, Ermässigung für Studenten/ Lehrlinge (mit Ausweis), Kinder bis 16 J. und Schulklassen ohne Führung gratis. Gruppen mit/ ohne Führung auf Anmeldung

Andermatt – Airolo
Mit der Pferdepost über den Gotthard

Fünf Stunden dauert die Fahrt mit der historischen Pferdepost: Eine Reise in die Vergangenheit, ein Erlebnis, das man nicht so schnell vergisst.

Unten durch ist man schneller. Doch sobald die Wintersperre aufgehoben ist, gilt die Passstrasse noch heute vor allem bei Motorradfahrern und Velosportlern als Herausforderung. Wem Musse und abenteuerliche Landschaft mehr bedeuten als Geschwindigkeit, entscheidet sich ohnehin für den Weg, für den es bis 1980 keine Alternative gab. Zum unvergesslichen Erlebnis wird die Reise mit der legendären Gotthard-Pferdepost. In beschaulicher Fahrt, und wenn immer möglich auf der alten Gotthardstrasse, geht es vom Bahnhof Andermatt mit dem von fünf Pferden gezogenen Landauer Richtung Tessin. Auf der Passhöhe wird im «San Gottardo» ein währschaftes Menü aufgetischt. Danach steht der Besuch des Gotthard-Museums in der Sust auf dem Programm. Nun folgt der abenteuerlichste Teil der Reise. Wie eine Riesenschlange windet sich die schmale, teils noch mit Kopfsteinen gepflästerte Tremola talwärts. Der spektakulärste Abschnitt ist 4 km lang: In 24 Kehren werden 300 Höhenmeter bewältigt! Der Blick in die Tiefe ist schlicht atemberaubend, es ist keine Schande, wenn sich ein leichtes «tremo-lares» (Zittern) in der Magengegend bemerkbar macht. Doch Kutscher und Pferde haben alles im Zaum: Airolo und die wohlverdiente «merenda» (Zvieri) rücken näher.

Gotthard-Post
Historische Reisepost AG
6490 Andermatt

Tel. 041 888 00 05
info@gotthardpost.ch
www.gotthardpost.ch

Fahrten mit der Pferdepostkutsche
täglich ab Mitte Juni bis Anfang September (inkl. Betreuung, 2 Aperitifs, Mittagessen, Zvieri, Museumeintritt)

Abfahrt ab Bhf. Andermatt 9.30 und 10.15 Uhr, Ankunft Bhf. Airolo 16.30 und 17 Uhr (nur Fahrzeit ca. 5 Std.)

Reiseroute
Andermatt – Hospental – Mätteli – Brüggloch – Hospiz – Tremola – Motto – Bartola – Airolo

Anreise öV mit dem Zug bis Bhf. Andermatt, Rückreise mit der SBB ab Bhf. Airolo

Tell-Museum – Bürglen
Einer Legende auf der Spur

**Wilhelm Tell – Mythos oder Tatsache?
Auf der Spur einer Symbolfigur.**

Das Urnerdorf Bürglen mit dem ortsbildgeschützten Kern gilt als Heimat Wilhelm Tells. Das 1966 eröffnete Museum im alten Turm beherbergt auf drei Stockwerken eine grosse Sammlung von Dokumenten und Gegenständen historischer und künstlerischer Art aus sechs Jahrhunderten. Sie stehen im Zusammenhang mit dem sagenumwobenen Freiheitshelden aus der Gründungszeit der Schweiz. Am alten Klausenpassweg, nur wenige Schritte vom Museum entfernt, befindet sich die 1582 erbaute Bürgler Tellskapelle. Laut Stiftungsurkunde soll sie an jenem Platz errichtet worden sein, wo einst Tells Haus stand.

Erlebnisreich
Tell-Lehrpfad: Die Geschichte von Wilhelm Tell wird unterwegs auf dem Pfad, der vom Museum in Bürglen bis zum Telldenkmal in Altdorf führt, auf acht Infotafeln bildhaft dargestellt.

**Tell-Museum Uri
Postplatz
6463 Bürglen**

Tel. 041 870 41 55
info@tellmuseum.ch
www.tellmuseum.ch

Öffnungszeiten täglich
15. Mai bis 30. Juni
10–11.30 Uhr, 13.30–17 Uhr
Juli und August 10–17 Uhr
September bis 15. Oktober
10–11.30 Uhr, 13.30–17 Uhr
Winterhalbjahr Führungen auf Anfrage für Gruppen ab 10 Erwachsenen

Eintritt Erwachsene CHF 5.50, Ermässigung für Studenten, Lehrlinge, Kinder (9–16 J.), Familien, Gruppen ab 10 P.

Gruppenführungen auf Anmeldung (75–90 Minuten)

Anreise öV mit der Bahn oder mit dem Schiff (SVG) bis Flüelen, Bus und Postauto ab Flüelen (auch ab Altdorf möglich) bis Haltestelle Bürglen Postplatz

Kloster Einsiedeln
Pilgerfahrt zur Schwarzen Madonna

Einsiedeln ist das grösste Barockkloster der Schweiz und seit mehr als 1000 Jahren der beliebteste Wallfahrtsort.

Das Kloster mit dem grosszügigen, terrassenförmig angelegten Treppenaufgang und der von zwei Türmen flankierten Kirchenfront gilt als Meisterwerk des klerikalen Barockbaus. Hier stand einst die Einsiedelei des weisen Ratgebers und Seelenarztes Meinrad, der 861 von Landstreichern ermordet wurde. Dort, wo seine Klause stand, wurde 948 die erste Klosterkirche erbaut. Der Überfall der um ihre Grundrechte gebrachten Schwyzer auf das unter habsburgischer Schirmherrschaft stehende Kloster führte 1315 zum Morgartenkrieg. Einsiedeln musste als Verlierer die Hälfte seiner Gebiete abtreten, was sich auf Ansehen und Einfluss auswirkte. Das änderte sich erst mit der vom ehemaligen Einsiedler Leutpriester Zwingli eingeführten Reformation, welche die Katholiken wieder zusammenschweisste: Ab 2. Hälfte des 16. Jahrhunderts wurde das Kloster Einsiedeln erneut zum religiösen Mittelpunkt der Schweiz. Das zwischen dem 11. und 16. Jh. mehrmals durch Feuersbrünste zerstörte Kloster wurde zwischen 1674 und 1780 in drei Etappen nach den Plänen des Einsiedler Laienbruders Kaspar Moosbrugger zum grössten in sich geschlossenen kirchlichen Komplex der Schweiz erweitert. Für die Innenarchitektur der Klosterkirche zeichneten die Brüder Asam verantwortlich. Die wichtigsten Vertreter des deutschen Barock verbanden Architektur, Lichtführung, Malerei und Plastik zu einem harmonisch-erhabenen Gesamtkunstwerk. Die Kirche besteht

Kloster Einsiedeln
Klosterplatz
8840 Einsiedeln

Klosterbetrieb
Tel. 055 418 61 11
kloster@kloster-einsiedeln.ch
www.kloster-einsiedeln.ch

Öffnungszeiten Klosterkirche täglich von 5.30–20.30 Uhr (Gottesdienste beachten) Grosser Saal täglich 13.30–18 Uhr

Klosterführungen
Einsiedeln Tourismus
Hauptstrasse 85
8840 Einsiedeln

Tel. 055 418 44 88
info@einsiedeln.ch
www.einsiedeln.ch

Öffentliche Klosterführungen ganzjährig (ohne Sonn-/Feiertage), täglich 14 Uhr (Dauer 105 Minuten). Treffpunkt Einsiedeln Tourismus
Kosten CHF 15.–

Mitte Mai bis Mitte Oktober täglich 17 Uhr (inkl. Besichtigung Stiftsbibliothek, 60 Minuten). Treffpunkt: Hauptportal Klosterkirche
Kosten CHF. 12.–

Anfahrt öV mit der Südostbahn nach Einsiedeln, wenige Gehminuten zum Kloster

aus fünf Haupträumen. Am bekanntesten ist das Oktogon mit der Gnadenkapelle der Schwarzen Madonna. In die Klosteranlage integriert sind auch Wohnraum für die Benediktinermönche, eine Stiftsschule, Werkstätten, eine Kellerei für den klostereigenen Wein und Stallungen für die Pferde.

Erlebnisreich
- Ein reiches Angebot an Führungen, Konzerten und öffentlichen Messen deckt die kulturellen und spirituellen Bedürfnisse der Besucher ab.
- Diorama Bethlehem: Es handelt sich um die grösste Krippendarstellung der Welt mit 450 handgeschnitzten Figuren in der naturgetreuen Landschaft von Bethlehem (geöffnet von Karfreitag bis Ende Oktober. Infos:unter www.diorama.ch
- Kreuzigungs-Panorama: Das Rundgemälde (10 m hoch, fast 100 m lang) stellt die Kreuzigungsszene dar. Geöffnet von Karfreitag bis Ende Oktober. Infos unter www.panorama-einsiedeln.ch

Themenwege in die Vergangenheit – Glarus

Lange war die Gegend zwischen Walensee, Surselva, Glarner- und Sarganserland touristische «terra incognita». Dabei hat sie viel zu bieten.

In der Erdgeschichte ist die menschliche Anwesenheit unbedeutend. Faszinierend ist trotzdem, wie sich die Menschen den Bedingungen anpassten: Vor mehr als 53 000 Jahren lebten Ursteinzeitmenschen im «Drachenloch» ob Vättis/SG auf fast 2500 m ü. M. Nach dem Rückzug der Gletscher vor etwa 10 000 Jahren liessen sich Vertreter des homo sapiens in den Gebirgstälern nieder. Vor 2000 Jahren entdeckten die Bewohner erzhaltige Schichten im Gonzen/SG und begannen diese mit einfachsten Werkzeugen zu schürfen. Der im 14. Jh. aufgenommene systematische Abbau wurde 1966 eingestellt. Auch andernorts, etwa auf der Mürtschenalp oberhalb des Walensees oder am Calanda/GR, im Klöntal/GL und bei Schwanden/GL, wurden Kupfer, Silber und Gold bergmännisch abgebaut. Das Schiefergestein war bis vor wenigen Jahrzehnten ein wichtiger Rohstoff (Engi, Elm). In Mels/SG wurde der Quarzsand für die Glasproduktion genutzt.

Viele Betriebe existieren heute nicht mehr. Der Nachwelt blieben historische Fundstätten und Zeugen einer bewegten Zeitgeschichte erhalten. Museen und Ausstellungen befassen sich mit Flora, Fauna, Geologie, Handwerks- und Industrie-Traditionen. Man erfährt auch viel über die Menschen, welche hier ihren Lebensraum fanden. Viel zu entdecken gibt es entlang der Themenwege. Am Glarner Industrieweg sind kleine Gewerbebetriebe, altes Handwerk, Bergwerke, steinverarbeitende Betriebe, Spinnereien, Webereien und Stoffdruckereien zu entdecken. Erhalten geblieben sind auch Arbeitersiedlungen und Mietkasernen, in denen die in den Textilbetrieben tätigen Familien wohnten.

Glarner Industrieweg
Verein Glarner Industrieweg
Hauptstrasse 41
8750 Glarus

Tel. 055 640 20 22
giw@gmx.ch
www.glarner-industrieweg.ch

Rund 50 km lang ist die Velo- und Wanderwegstrecke, die von Linthal bis Ziegelbrücke und von Elm bis Schwanden führt. Am Weg befinden sich rund 80 Objekte, davon über die Hälfte mit Informationstafeln (die Objekte können teils besucht werden).

Weitere Infos Erlebnis-Angebot im Einzugsgebiet Walensee, Glarner- und Sarganserland
www.heidiland.com

Erlebnisreich

Themenwege: Auf Anfrage sind Besichtigungen oder Führungen in etlichen stillgelegten oder noch aktiven Betrieben möglich. Information/Anmeldung unter den erwähnten Kontakten:
- Drachenlochmuseum Vättis/Taminatal
  www.vaettis.ch, Tel. 081 306 12 94 / 081 306 13 68
- Bergwerk Gnapperchopf Vättis
  www.vaettis.ch
- Eisenbergwerk Gonzen in Sargans mit Bergwerkmuseum Gonzen
  www.bergwerk-gonzen.ch
- Landesplattenberg Engi, Ausstellungspavillon und Schiefertafelfabrik Elm
  www.plattenberg.ch
- Versuchsstollen Hagerbach, Flums-Hochwiese
  www.hagerbach.ch
- Steinbruch Schollberg, Trübbach
  Tel. 081 750 22 04, www.schollberg.com
- Steinwolleproduktion Flumroc AG, Flums
  www.flumroc.ch
- Weisskalkproduktion «Chalchi» Kalkfabrik Netstal AG
  Tel. 055 646 91 11, info@kfn.ch, www.kfn.ch
- Steinpfad bei Knobel AG Natursteine, Schwanden
  www.knobel-naturstein.ch

Nationalmuseum Gotthard
Ein Alpenpass mit Geschichte

Das Museum auf 2100 m ü. M. dokumentiert die wechselvolle Geschichte der kürzesten Nord-Süd-Verbindung über die Zentralalpen.

Der Winter auf dem Gotthard dauert lange. Doch bereits im Jahre 1237 gab es auf der Passhöhe ein Hospiz, das später durch weitere Gebäude ergänzt wurde. Heute besteht das Ensemble aus dem Hotel San Gottardo, dem alten Hospiz, das vor kurzem inklusive Kapelle neugestaltet wurde, dem ehemaligen Pferdestall, der als Jugendherberge dient, der Alten Sust, einst Zollstation und Herberge für Reisende. Hier ist das Nationale St. Gotthard-Museum untergebracht, welches die Geschichte der Handels- und Verkehrsverbindung über den Alpenpass lebendig und mit modernsten Mitteln darstellt. Die Dauerausstellung zeigt, wie diese wichtige Verbindung die Geschichte der Eidgenossenschaft in wirtschaftlicher, strategischer, politischer und kultureller Hinsicht beeinflusste. Zwar wurde er schon zur Römerzeit benutzt, doch der Gotthardpass gewann erst mit dem Bau der Teufelsbrücke über die Schöllenenschlucht an Bedeutung. Das Säumerwesen brachte einen gewissen Wohlstand ins Urnertal und in die Leventina. Der Weg wurde aber auch für Kriege genutzt, während die Mönche im Hospiz aufopfernd halfen. Im 19. Jh. ausgebaut und befestigt, konnte die Strasse auch von Kutschen und schweren Pferdefuhrwerken befahren werden. 1882 nahm der Bahntunnel den Betrieb auf. Der nach dem 2. Weltkrieg einsetzende Autoboom erforderte den Ausbau der Strasse beidseits des Gotthards. Tunnel, Viadukte und Ortsumfahrungen wurden erstellt. Zwischen 1970 und 1980 wurde der Gotthard-Strassentunnel gebaut. Mit 16,9 km ist er zurzeit der längste Alpentunnel und der drittlängste Strassentunnel der Welt.

Nationales St. Gotthard-Museum
6780 Gotthard

Tel. 091 869 15 25
Tel. 091 869 14 30 (ausserhalb der Saison)
gotthardmuseum@bluewin.ch
www.passosangottardo.ch

Öffnungszeiten
Juni bis Oktober
täglich 9–18 Uhr

Eintritt Erwachsene CHF 10.–, Kinder CHF 3.–

Anreise öV mit Postauto ab Bhf. Andermatt oder Bhf. Airolo

■ **Erlebnisreich**
Vier-Quellen-Weg (Ausgangspunkt Hospiz): durch das Wasserschloss Europas wandern – der 2011 eröffnete 90 km lange Rundwanderweg führt zu den Quellen der grössten Schweizer Flüsse Rhein, Rhone, Reuss und Ticino

Glasi Hergiswil
Im Feuer geformt

Im Feuer wie Gold. Als fertiges Produkt durchsichtig und gefällig im Design: Glas ist in der ältesten Glashütte der Schweiz in allen Formen erlebbar.

«Glasi Hergiswil», der Name steht seit 1975, als Glaskünstler Roberto Niederer den Betrieb rettete, für Qualitätshandwerk und Design. Seither wird ständig investiert in die 1817 gegründete Glasbläserei. Aus dem vielseitigsten Material der Welt entstehen Gebrauchsgegenstände und Kunstwerke. Im Museum lässt man sich von den optischen Phänomenen verzaubern, man spielt auf Glasinstrumenten, lernt modernste Anwendungen dieses schon bei den Phöniziern bekannten Materials kennen und irrt durch das Glaslabyrinth – ein Erlebnis, das alle Sinne anspricht.
Glashütte und Glasbläser: Quarzsand, Kalk, Natron und andere pulverförmige Komponenten werden bei 1500 °C zu einer honigartigen Masse geschmolzen. Wie Glühwürmchen leuchten die Rohlinge auf, wenn sie von den Glasbläsern mit Pfeifen, Kellen und anderen Instrumenten zu durchsichtigen Kunstwerken geblasen, geformt oder gegossen werden. Auf der Zuschauergalerie steht eine Miniausgabe eines Glasschmelzofens. Hier kann man sich unter kundiger Anleitung selber als Glasbläser betätigen.

Hergiswiler Glas AG
Seestrasse 12
6052 Hergiswil

Tel. 041 632 32 32
info@glasi.ch
www.glasi.ch

Öffnungszeiten Glashütte/Museum
Mo–Fr 9–18 Uhr, Sa 9–16 Uhr, Feiertage/spezielle Anlässe (s. Homepage)

Öffnungszeiten Glaslabyrinth
Mo–Fr 9–12 Uhr, 13.30–17 Uhr, Sa 10–16 Uhr

Eintritt Glashütte gratis

Museum Erwachsene/Kinder ab 10 J. CHF 7.–, Glaslabyrinth Erwachsene/Kinder ab 10 J. CHF 5.– (Kinder bis 10 J. in Begleitung der Eltern gratis)

Glasblasen Mo–Fr 9–13 Uhr, 13.30–17 Uhr (kostenpflichtig)

Führungen für Gruppen ab 10 P. (Anmeldung erforderlich)

Anreise öV ab Bhf. Hergiswil 3 Gehminuten bis Glasi, mit dem Schiff bis Hergiswil (5 Gehminuten ab Schiffssteg)

Erlebnisreich
- Glasi-Museum: Theater, dreidimensionaler Film, Illusionenkabinett, Zeitmaschine – nicht von ungefähr wurde es vom Europarat als eines der schönsten Museen Europas ausgezeichnet.
- Ausstellungen: Das «Glasi-Archiv» gibt einen Überblick über die fast 200-jährige Produktionsgeschichte. «Phänomenales Glas» lädt zum Experimentieren ein; «Flühli-Glas» zeigt zerbrechliche «Juwelen» aus dem 18./19. Jahrhundert.
- Glas-Labyrinth: Der Mitte 2010 eröffnete Irrgarten ist ein begehbares Kunstwerk aus Glas, Licht und Sound. Ausgerüstet mit Filzschuhen und weissen Handschuhen wird der vom «Lichtballett» und von Klangcollagen begleitete Gang durch die gläsernen Räume zum mystischen Erlebnis.
- Glasi-Park am Seeufer: Eine sieben Meter hohe Glaskugelbahn, eine Maxi-Rutschbahn, ein Quarzsandkasten und Wasserspiele laden zum Spielen ein (jederzeit frei zugänglich).

Weg der Schweiz
Geburtstagsgeschenk mit Fortsetzung

Ein Geschenk der Kantone zur 700-Jahr-Feier der Eidgenossenschaft. Der Weg der Schweiz ist ein «Muss» für alle, mit und ohne roten Pass.

Geschichtsstunden in der Wiege der Schweiz in einer grossartigen, unverwechselbaren Kulisse: Rütliwiese, Tellskapelle – der 35 km lange Wanderweg führt an historischen Stätten, Bergwiesen, zerklüfteten Felsen, Schlösschen, Kapellen und mit Blumen geschmückten Häusern vorbei. Und wenn der Föhnsturm den Urnersee zum Kochen bringt, werden Mythen lebendig: «Ist das nicht Tell, der sich mit einem Sprung aus dem Boot vor Gesslers Schergen rettet?» Der «Weg der Schweiz» wurde 1991 eröffnet: 5 mm für jede damals in der Schweiz lebende Person. Die Reihenfolge der Kantone ist analog dem Beitrittsjahr zur Eidgenossenschaft, die Distanz spiegelt die Bevölkerungszahl. Der Zürcher Abschnitt zwischen Seelisberg und Bauen ist mehr als 6 Kilometer lang, der von Appenzell Innerrhoden nur 71 Meter. Der Jubiläumsweg ist gut ausgebaut und wo nötig mit Geländern, Netzen oder Tunnels gesichert. Die kürzeste der sieben Etappen plus Zusatzschlaufe misst 2,6 km, die längste 9,2 km. Einige Teilstücke sind fast flach und rollstuhlgängig. Alle Etappenorte sind mit den öffentlichen Verkehrsmitteln (Schiff, Bus, Bahn) erreichbar. Ausgangspunkt ist das Rütli. Weiter geht es über den Seelisberg, am Schlösschen Beroldingen vorbei, 850 Stufen auf dem alten Säumerweg hinunter nach Bauen und dem Urnersee entlang nach Isenthal. Von Seedorf führt die Route durch das Reussdelta-Naturschutzgebiet nach Flüelen. Bergauf und bergab geht es zur Tellskapelle. Eine Bilderbuchaussicht auf See, Berge und Gletscher bietet der Weg nach Morschach. Die letzte Etappe endet in Brunnen.

Weg der Schweiz

Etappen
- Rütli–Seelisberg (Schiff/Standseilbahn): 60 Minuten, Höhendifferenz 350 m
- Seelisberg–Bauen (Schiff): 130 Minuten, Höhendifferenz 350 m
- Bauen–Isleten (Schiff): 40 Minuten
- Isleten–Flüelen (Schiff, Bahn): 120 Minuten
- Flüelen–Tellskapelle (Schiff): 100 Minuten, Höhendifferenz 75 m
- Tellskapelle–Sisikon (Schiff, Bahn): 45 Minuten, Höhendifferenz 75 m
- Sisikon–Brunnen (Schiff, Bahn): 170 Minuten, Höhendifferenz 390 m

Kultur- und Kongresszentrum – Luzern
Kultur, Kulinarik und Lebensgenuss

Monolith? Leuchtturm? Kulturtempel? Festsaal? Das KKL Luzern ist alles in einem.

Das KKL am Tag: Ein kubischer Bau an schönster Lage in der Seebucht beim Schiffshafen. Nobel lässt er der ihn umgebenden Schönheit den Vortritt: auf der einen Seite der von grünen Hügeln und schroffen Felsen eingerahmte Vierwaldstättersee, auf der anderen Seite die kleine Weltstadt, die trotz Touristenströmen wenig ihres pittoresken Charmes eingebüsst hat. Das KKL bei Nacht: Irisierende Spiegelung im Wasser – ein glitzernder Stern in der Leuchtenstadt. Sternstunden hat es seit der Eröffnung dieser «Kathedrale der Musik» schon viele gegeben. Die KKL-Festivals für Klassik und zeitgenössische Musik geniessen Weltruf, die Namensliste berühmter Dirigenten, Interpreten und Orchester ist lang.
Gegensätze prägen das 1998 eröffnete, von Stararchitekt Jean Nouvel erbaute multifunktionale Kultur- und Kongresszentrum. Dank der von Russel Johnson genial konzipierten Akustik wird im Konzertsaal mit nachtblauem «Sternenhimmel» jede Musik zum festlichen Ereignis, während im Kongressbereich hochkarätige Tagungen und Events unterschiedlichster Art stattfinden. Gewisse Veranstaltungen sprengen bezüglich verfügbarem Raum die Grenzen und breiten sich rund um die Seebucht oder bis in die Altstadt aus – so das zur Tradition gewordene Blue Ball Festival. Unter dem KKL-Dach befindet sich auch das Kunstmuseum Luzern, dessen Schwerpunkt auf Schweizer Kunst (Renaissance bis Gegenwart) liegt. Spannende Wechselausstellungen locken Kunstfreunde aus Nah und Fern an.

Kultur- und Kongresszentrum Luzern
Europaplatz 1
6005 Luzern

Tel. 041 226 70 70
sales@kkl-luzern.ch
(Info und Kartenbestellung)
www.kkl-luzern.ch

Anreise öV Bhf. und Schiffsstation sind wenige Schritte vom KKL entfernt.

Schifffahrtsgesellschaft Vierwaldstättersee (SGV)
Werftestrasse 5
6002 Luzern

Tel. 041 367 67 67 (täglich)
info@lakelucerne.ch
www.lakelucerne.ch

Infos für Stadt-Erkundungen
Luzern Tourismus
Zentralstrasse 5
6002 Luzern

Tel. 041 227 17 17
luzern@luzern.com
www.luzern.com

■ **Erlebnisreich**
- Die von der Museggmauer mit ihren neun Stadttürmen bewachte Altstadt öffnet sich weit zum See hin. Weltbekanntes Fotosujet ist die hölzerne Kapellbrücke.
- Vierwaldstättersee-Schifffahrt: Der See mit den vielen Seitenarmen bietet eine grandiose Gebirgskulisse. Fünf der über 20 SGV-Schiffe sind restaurierte Raddampfer.

Schweizer Geschichte – Schwyz
der Erlebnisparcours

Entstehung Schweiz – unterwegs vom 12. ins 14. Jahrhundert

Die neue Dauerausstellung «Entstehung Schweiz» zeigt mit virtuellen Guides, innovativen Multimediastationen und ausgewählten Objekten die Entstehung der alten Eidgenossenschaft im Mittelalter. Der Besucher trifft sich mit einem zum Kampf gerüsteten Ritter zu Pferd, hört im Skriptorium einen Mönch diktieren oder begegnet einem Säumer auf der Teufelsbrücke. Die Geschichte zur Entstehung der Schweiz ist Erlebnisparcours für Jung und Alt. Die Geschichte der Eidgenossenschaft geht mehr als 700 Jahre zurück. Besonders die Entstehung erhitzt immer wieder die Gemüter und löst Debatten aus. Wann und wo beginnt die Geschichte unseres Landes? Was war der Auslöser, dass sich die drei Länderorte Uri, Schwyz und Unterwalden verbündeten? Diesen und weiteren Fragen geht die Ausstellung nach. Staunen, Lernen und Kurzweil werden im «Forum Schweizer Geschichte Schwyz» gross geschrieben. An modernen Computerstationen können Besucherinnen und Besucher interaktiv und auf spielerische Art Wissen erwerben. Wertvolle, aussagekräftige Objekte aus allen Teilen der Schweiz und aus dem Ausland werden in der Ausstellung gekonnt in Szene gesetzt.
Kinder bestaunen in der Ausstellung nicht nur mittelalterliche Rüstungen, sie dürfen sie auch anfassen und anziehen. Im «Ritterraum» schlüpfen sie in Helm und Harnisch und lassen sich fotografieren. Kleine und grosse Besucher können unter anderem auf einem virtuellen Säumerweg über den Splügenpass «steppen».

Forum Schweizer Geschichte Schwyz
Zeughausstrasse 11
6430 Schwyz

Tel. 041 819 60 11
forumschwyz@snm.admin.ch
www.forumschwyz.ch

Öffnungszeiten ganzjährig Di–So 10–17 Uhr

Eintritt Erwachsene CHF 10.–, Ermässigung (s. Homepage), Kinder bis 16. J. gratis

Anreise öV ab Bhf. SBB Schwyz wenige Gehminuten

Rigi – Vitznau
Königin ohne Krone

Sie ist die «Königin» der Innerschweizer Aussichtsberge. 1871 wurde sie als erster Berg in Europa mit einer Zahnradbahn erschlossen.

Von der Krete geniesst man einen Panoramablick vom Mittelland bis zum Schwarzwald und in die Vogesen. Der Blick in die andere Richtung umfasst den Alpenkranz und den vielarmigen Vierwaldstättersee. Die Rigi hat auch vielfältige Freizeit- und Kulturerlebnisse zu bieten: Im Sommer stehen ein über 100 km langes Wanderwegnetz, gedeckte Feuerstellen, Kinderspielplätze und die höchste Trampolinanlage der Schweiz zur Verfügung.
Im Winter ist die Rigi eine Sonnenterrasse über dem Nebelmeer. Gut präparierte Pfade, Schlittelwege, eine Airboardpiste und Skipisten fördern den Spass am Schnee.
Frühaufsteher nutzen von Mitte Juni bis Ende Sommersaison die Sonnenaufgangsfahrten, welche mit einem reichhaltigen Frühstücksbuffet und Alphornklängen auf dem Berg gekrönt werden. Nachtschwärmer wählen das «Schwebende Restaurant» – in der Panorama-Kabine der Luftseilbahn Weggis-Kaltbad wird am Samstagabend ein exklusives Diner serviert. Für Nostalgiefahrten stehen der «Belle Epoque»-Salonwagen oder «Oldtimer-Wagen Nr. 6» bereit (nur für Gruppen auf Anfrage). Der Bau der Vitznau-Rigi-Bahn war ein bergbahntechnischer Meilenstein. Der 1871 eröffnete Abschnitt der ersten Zahnradbahn Europas führte bis zur Staffelhöhe und wurde in den Folgejahren bis Rigi-Kulm und Kaltbad-Scheidegg ausgebaut. 1875 folgte die Erschliessung von der Goldauer Seite her bis zur Bergstation Kulm (1752 m ü. M.).

Rigi Bahnen AG
Bahnhofstrasse 7
6354 Vitznau

Tel. 041 399 87 87
rigi@rigi.ch
www.rigi.ch

Ganzjähriger Betrieb
Rigi Zahnradbahn ab Goldau und Vitznau (gilt auch für die Luftseilbahn ab Weggis)

Fahrzeiten und Preise
s. Homepage

Anreise öV ab Bhf. Arth-Goldau, wenige Gehminuten bis zur Station der Rigi Bahnen

Anreise Schiff
(www.lakelucerne.ch) von Luzern nach Weggis (weiter mit der Luftseilbahn auf die Rigi); von Vitznau (mit den Rigi Bahnen in die Höhe)

■ **Erlebnisreich**
Neben der Luftseilbahn Weggis-Rigi Kaltbad gibt es zwei weitere Luftseilbahnen: ab Talstation Goldau-Kräbel (bis Rigi Scheidegg), ab Talstation Gersau-Obergschwend (bis Rigi Burggeist)
Tel. 041 828 18 38,
rsag-luftseilbahn@bluewin.ch
www.rigi-scheidegg.ch

Naturenergie Sattel-Hochstuckli ❶
Den Naturkräften auf der Spur

«Der Pfad» auf dem Hochstuckli bietet die einmalige Möglichkeit, auf einem Rundgang die in der Natur wirkenden Kräfte kennenzulernen, wahrzunehmen und deren Auswirkung zu beobachten.
Wanderzeit ca. 1 Stunde, mit Postenaufenthalt 3 bis 4 Stunden.

Drehorgelbahn Sattel/Aegeri – Mostelberg
Start bei der Fussgängerhängebrücke (mit 374 m Länge längste Fussgängerhängebrücke Europas)

der pfad
Mostelberg/Hochstuckli
6417 Sattel
www.sattel-hochstuckli.ch

Informationen, Führungen, Workshops
Philippe Elsener, Tel. 078 745 09 95
elsenet@bluewin.ch

öffentliche Führungen
April bis Oktober

Höllgrotten Baar ❷
Atemberaubende Tropfsteinhöhlen

Die Beleuchtung der weltweit einzigartigen Tropfsteinhöhlen wurde neu gestaltet; die beeindruckenden Formen und Farben erstrahlen im neuem Licht.
Rundgang mit Hörspiel-Audioguide.

Höllgrotten Baar
6340 Baar

Tel. 041 761 83 70
info@hoellgrotten.ch
www.hoellgrotten.ch

Öffnungszeiten
April bis Oktober 9–17 Uhr

Verkehrshaus Luzern ❸
Paradies für wissensdurstige Entdecker

Interessant und abwechslungsreich: Die Entwicklung des Verkehrs und der Mobilität erleben – gestern, heute und morgen – auf der Strasse, der Schiene und dem Wasser, aber auch in der Luft und im Weltall.

Verkehrshaus Luzern
Lidostrasse 5
6006 Luzern

Tel. 041 370 44 44
mail@verkehrshaus.ch
www.verkehrshaus.ch

Öffnungszeiten
Sommerzeit 10–18 Uhr,
Winterzeit 10–17 Uhr

Graubünden

Rofflaschlucht – Andeer
Eine wahr gewordene Vision

Die Rofflaschlucht ist nicht mit den Niagarafällen zu vergleichen. Doch manchmal muss man in die Ferne schweifen, um das Besondere vor der Haustüre zu schätzen.

Nur wenige Kilometer südlich der Viamala liegt die Rofflaschlucht mit ihrem wilden Wasserfall. Ein Naturwunder, das der Öffentlichkeit seit 1914 bekannt ist. Christian Pitschen, ein Bündner Auswanderer, musste sein Glück zuerst in Amerika suchen und die Niagarafälle sehen, bevor er sich an das Wasserspektakel hinter seinem Elternhaus erinnerte. Getreu dem amerikanischen Motto «nichts ist unmöglich», kehrte er in die Schweiz zurück und übernahm das elterliche Gasthaus. Heute sind historisches Hotel und Rofflaschlucht im Besitz der Nachfahren des kühnen Rückkehrers. Die Schlucht kann nicht mit den Niagarafällen konkurrieren. Doch die Sehenswürdigkeit abseits des Massentourismus zieht Menschen an, die sich auch über weniger gigantische Naturwunder freuen. Durch mehrere Felsengalerien läuft man durch die Schlucht zum Wasserfall und kann dann in einem Tunnel unter dem Hinterrhein hindurchgehen.

Rofflaschlucht
Hotel/Restaurant
Familie F. Melchior-Lanicca
7440 Andeer

Tel. 081 66 11 97
hotel@rofflaschlucht.ch
www.rofflaschlucht.ch

Öffnungszeiten
April Do–Mo 9–18 Uhr
Mai bis Ende Oktober
täglich 9–19 Uhr

Eintritt Erwachsene CHF 3.50, Ermässigung für Kinder (8–16 J.) und Gruppen ab 10 Personen

Anreise öV mit dem Postauto direkt bis Bhf. Thusis oder mit Umsteigen in Andeer auf die Avers-Linie.
San Bernardino bis Haltestelle Rofflaschlucht

Val Müstair
Dem Himmel nahe

Intakte Landschaft, Dörfer mit Sgraffiti-verzierten Häusern und das im 8. Jahrhundert gegründete Kloster St. Johann in Müstair. Das Biosphärenreservat Val Müstair ist ein Stück heile Welt.

Einst zählte der Weg durch das Val Müstair zu den wichtigsten Nord-Süd-Verbindungen. Nach wie vor ist der Ofenpass der schnellste Weg vom Engadin ins Südtirol. Das Val Müstair hat aber viel mehr zu bieten als eine kurvenreiche Strasse und enge Dorfgassen. Dank ihrem Einsatz für die Erhaltung natürlicher Lebensräume wurde die Talschaft 2010 in die erweiterte Kernzone des Nationalparks aufgenommen. Für Naturliebhaber, Individualsportler und Ruhesuchende ist das Val Müstair ein Geheimtipp. Auch Sternengucker kommen auf ihre Rechnung: Im Dörfchen Lü, mit 1920 m ü. M. die höchst gelegene politische Gemeinde der Schweiz, befindet sich seit 2009 das privat unterhaltene alpine Astrovillage. Nicht so hoch und dennoch dem Himmel nah sind die Nonnen, die im Kloster St. Johann in Müstair ein zurückgezogenes Leben nach den strengen Regeln des Benediktiner-Ordens führen. Auf dem Berg ein Blick ins Weltall, im Tal ein Blick zurück in die Vergangenheit – beides ist reizvoll und spannend. Manchmal hilft der Zufall. So wurden in der im frühen Mittelalter erbauten Drei-Apsiden-Kirche des Klosters St. Johann Fresken aus der Karolingerzeit entdeckt, die von unschätzbarem kulturellem Wert sind.

Gästeinformation
Engadin Val Müstair
Chasa Cumünala
7532 Tschierv

Tel. 081 858 58 58
val-muestair@engadin.com
www.val-muestair.ch

Astrovillage Lü-Stailas
Via Maistra 20
7534 Lü

Tel. 081 850 36 06
aav@alpineastrovillage.com

astronomische Veranstaltungen und Kurse auf Anfrage

Bernina Express
Unterwegs mit der höchsten Alpenbahn

Der Bernina Express fährt ohne Zahnradbetrieb von Chur nach Tirano: Das sind 122 Streckenkilometer, 55 Tunnel, 196 Brücken und Steigungen bis zu 70 Promille.

Albula- und Bernina-Bahnstrecke gehören zur Rhätischen Bahn (RhB). Die beiden 1903 resp. 1910 eröffneten Schmalspur-Abschnitte gelten als Meisterleistungen des Eisenbahnbaus, weshalb sie 2008 als «bahn-sinniges» UNESCO-Welterbe aufgenommen wurden. Der Ausflugsspass beginnt schon in Chur. Die legendäre Bahnstrecke führt durch eine grandiose Gebirgslandschaft mit reizvollen Tälern, malerischen Dörfern, gischtenden Bächen, bizarren Felsformationen, Burgruinen, imposanten Bergen. Zwischen Bergün und Preda windet sich die rote Bahn in vielen Kehren nach oben und verschwindet immer wieder in kürzeren oder längeren Tunnels. Ab Pontresina schlängelt sie sich durch ein schmales Tal mit Lärchen. Morteratschgletscher und der über 4000 Meter hohe Piz Bernina sind zum Greifen nah. In dieser Kulisse wirkt der rote «Sprinter» wie ein Spielzeug. Bald hat er den geografischen Höhepunkt erreicht. Nach der Station Ospizio Bernina (2253 m ü. M.) fährt die durch Kunstbauten vor Lawinen geschützte Bahn in vielen Kehren talwärts. Im Puschlav grüssen pittoreske Dörfer. Im italienischen Tirano (429 m ü. M.) ist Endstation.
Die bautechnische Leistung, die bei dieser höchstgelegenen, oberirdisch geführten, ganzjährig betriebenen Alpenbahn erbracht wurde, ist immer noch ein Meisterwerk: Auf der Südseite der Bernina überwindet sie eine Höhendifferenz von fast 1900 m mit Steigungen von bis 70 Promille auf einer Horizontaldistanz von nur 22 Kilometern – ohne Zahnrad!

Rhätische Bahn / Bernina Express

Railservice 081 288 65 65
www.rhb.ch/Bernina-Express

Ausflüge mit dem Bernina Express (s. Homepage) telefonische Auskünfte oder Reservationen beim Railservice der RhB

■ **Erlebnisreich**
- An den Wochenenden verkehrt ab Chur eine Zugskomposition, die ohne Lokwechsel in Pontresina auskommt.
- Bei schönem Wetter werden offene Nostalgie-Aussichtswagen mitgeführt.
- Ein spezielles Erlebnis ist die Mondscheinfahrt im Panoramawagen (ab St. Moritz) oder die Fahrt im Führerstand (limitiertes Angebot).
- Von Tirano geht ein moderner Bernina-Express-Bus durch die Veltliner Weinberge und dem Comersee entlang bis nach Lugano.

BierVision – Davos Monstein
Hopfen und Malz statt Käse

Kein Grosskonzern, sondern vier Macher und über 1000 Kleinaktionäre aus aller Welt stehen hinter der Schaubrauerei in Monstein.

Als die Bauern von Monstein vor über hundert Jahren eine Dorfkäserei bauten, hätten sie sich bestimmt nicht vorstellen können, dass hier einmal Bier gebraut würde. Doch die Zeiten ändern sich. Wie an vielen anderen Orten wurde auch diese Käserei geschlossen und das Gebäude an zentraler Lage verlotterte. Der Verein «Pro Monstein» gab Gegensteuer, und vier junge Einheimische hatten eine «flüssige» Vision: Schweizer Hopfen und Malz sucht man nicht unbedingt in den Bergen. Doch das kristallklare Quellwasser sei, laut Auskunft Forschungsanstalt der Schweizer Bierbrauer, hervorragend geeignet für die Herstellung des Gerstensafts. Mitte 2001 nahm die höchstgelegene Brauerei der Schweiz den Betrieb auf. Seit 2004 stellt BierVision neben Bierspezialitäten auch ausgezeichnete Monsteiner Bierbrände und Whisky beziehungsweise Single Malt her. Eine wahr gewordene Vision bringt Bier, Arbeit und Verdienst ins Dorf.

BierVision Monstein AG
Brauerei
7278 Davos Monstein

Tel. 081 420 30 60
info@biervision-monstein.ch
www.biervision-monstein.ch

Events Bier-Kurse und Events (s. Homepage). Führungen und «BierVision»äre Aktivitäten auf Anfrage

Anreise öV mit der Rhätischen Bahn nach Davos-Glaris und mit dem Postauto nach Davos-Monstein Dorf

■ **Erlebnisreich**
In der Brauerei können regionale, mit «Monsteiner»-Signet ausgezeichnete Produkte degustiert und gekauft werden.

Kloster St. Johann – Müstair
Ein gottgefälliges Leben

War Karl der Grosse der Stifter? Die Klosterkirche St. Johann gehört mit ihren um das Jahr 800 gemalten Bilderfresken zu den besterhaltenen karolingischen Gotteshäusern des Alpenraums.

1983 wurde das Kloster ins UNESCO-Welterbe aufgenommen. Der Gebäudekomplex umfasst Bauten und Baustile verschiedener Jahrhunderte. Als architektonisches Vermächtnis aus der Zeit der christlichen Hochblüte gilt der im 10. Jh. erstellte, von einem Pultdach und von Schwalbenschwanzzinnen bekrönte Wohn- und Wehrturm. Noch älter ist die Kirche: Gemäss neueren Gutachten stammen die für den Bau verwendeten Hölzer aus der Zeit zwischen 775 und 790. Das stützt die Legende, dass Karl der Grosse das Kloster gestiftet hatte, nachdem er einen Schneesturm am Umbrailpass heil überlebte. Beim Rundgang durch das Museum erhält man einen Einblick in das karge Klosterleben in früheren Zeiten, und man denkt mit Hochachtung an die Frauen, die hier – ein Blick in den weitläufigen Gemüsegarten sagt alles – nach wie vor «ora et labora» leben. Die in einem durchgehenden Rahmensystem auf die Kirchenwände gemalten Fresken sind weltbekannt. Sie wurden in späteren Epochen übermalt und um 1900 herum wiederentdeckt. Trotz sorgfältiger Freilegung zwischen 1941 und 1951 konnte vieles nicht mehr vollständig rekonstruiert werden. Von besonderer Bedeutung ist die um 800 gemalte Mensch-Werdung des Gottessohnes in der Halbkuppel der Mittelapsis. Die romanischen Fresken (um 1200 entstanden) unter dem Fenster zeigen Szenen aus dem Leben von Johannes dem Täufer und ziehen mit ihrer malerischen Farbigkeit die Aufmerksamkeit auf sich. Einem Leporello glichen ursprünglich wohl auch die beiden Seitenwände.

Kloster St. Johann Müstair
7537 Müstair

Tel. 081 851 62 28
museum@muestair.ch (Info)
visit-museum@muestair.ch
(Anmeldung für Gruppen)
www.muestair.ch

Öffnungszeiten
Mai bis Oktober
Mo–Sa 9–12, 13.30–17 Uhr
Sonn-/Feiertage 13.30–17 Uhr
November bis April
Mo–Sa 10–12, 13.30–16.30 Uhr
Sonn- und Feiertage
13.30–16.30 Uhr, 25. Dezember
geschlossen

Eintritt Museum
Erwachsene CHF 12.–,
Ermässigung für Schüler,
Studenten, Lehrlinge und
Gruppen (Kinder bis 6 J. gratis)

Kirchenführungen
Erwachsene CHF 10.–,
Ermässigungen (s. oben)

Anreise öV ab Bhf. Zernez mit Postauto bis Haltestelle Kloster St. Johann/Müstair

Bergbaumuseum – Scuol
Silberrausch im Val S-charl

Das Museum im Unterengadin befasst sich mit der in der Schweiz wenig bekannten Bergbau-Tradition.

Das Bergbau- und Bärenmuseum wurde 1997 im einstigen Verwaltungsgebäude der Blei- und Silberbergwerke eröffnet. Staunend erfährt der Laie, wie über Jahrmillionen Gesteinsschichten mit silber- und bleihaltigen Adern entstanden. Schaudern ergreift einen, wenn man liest, unter welch harten Bedingungen die Arbeiter im Bergwerk und in der Schmelzra schufteten. Das Stollennetz im Mot Madlain war mehr als 13 Kilometer lang. Heute ist nur noch ein kleiner Teil im Rahmen von geführten Besichtigungen zugänglich.

Das «Goldfieber» kannte man auch in der Schweiz. Im Alpengebiet gibt es erzhaltige Gesteinsschichten, die zum Teil bis ins letzte Jahrhundert abgebaut wurden. Auch im Val S-charl war der Erzabbau über Jahrhunderte von Bedeutung. Die «Blütezeit» dauerte vom 14. bis ins 17. Jahrhundert. Zu einer kurzen Renaissance kam es in der ersten Hälfte des 19. Jahrhunderts. Abgebaut wurden meist Silber- und Bleivorkommen. Zum Sichern der Bergbaustollen, für das Schmelzen der im Gestein eingeschlossenen Erze und für die Kalkbrennerei brauchte es viel Holz. Deshalb wurden die Wälder rücksichtslos abgeholzt: Vor gut hundert Jahren waren die Berghänge im Val S-charl fast kahl!

Bergbau- und Bärenmuseum
Schmelzra
S-charl
7550 Scuol

Tel. 081 864 86 77
info@nationalpark.ch
www.nationalpark.ch

Öffnungszeiten Mitte Juni bis Mitte Oktober täglich von 14–17 Uhr (Sa/Mo geschlossen)

Eintritt Erwachsene CHF 5.–, Ermässigung Kinder (bis 16 J.) und Gruppen ab 10 Personen

Führung durch Ausstellung und Stollenbesuch
Anmeldung notwendig
Info Scuol Tourismus
Tel. 081 861 22 22
info@scuol.ch
www.scuol.ch

Anreise öV Postauto ab Scuol

■ **Erlebnisreich**
Bärenmuseum: Hier hat der letzte im Jahr 1904 erlegte Petz einen Platz gefunden. Weil in jüngster Zeit wieder «Braunpelze» durch den Nationalpark streifen, wird nicht nur die frühere Bedeutung, sondern auch das aktuelle Zusammenleben von Mensch und Bär thematisiert. Ein spezielles Abenteuer für Gross und Klein ist der Bärenerlebnis-Parcours unweit des Museums.

Burg Hohen Rätien – Bonaduz

«Adlerhorst» für Eroberer, Christen, Wanderer

Stolz schaut die Burg Hohen Rätien vom Felskopf des «Johannisbergs» ins Tal hinunter – ein magischer Ort.

Seit Menschengedenken beherrscht der Crap Sogn Gion den Nordeingang zur Viamala-Schlucht. Das auf drei Seiten durch steil abfallende Felswände geschützte Plateau weist Spuren von Kultstätten und Besiedlungen auf, die bis in die Bronzezeit zurückgehen. Überliefertes, Vorhandenes und was bei Grabungen zutage gefördert wurde, geben Hinweise auf seine wechselvolle Rolle in Graubündens Geschichte. Bereits in der Antike wurden Transitwege über die Alpen für Handel und Eroberungszüge genutzt. Die Römer richteten auf dem Felskopf ein und konnten so den Splügenpass und den San Bernardino kontrollieren. Bei Ausgrabungen gefundene Mauerreste eines Baptisteriums und ein recht gut erhaltenes Taufbecken lassen darauf schliessen, dass das Christentum hier bereits Anfang des 5. Jahrhunderts gefasst hatte. Im Mittelalter entstand eine der grössten Bündner Burganlagen mit stadtähnlichen Ansätzen. Sie wurden beim Erdbeben von 1295 stark in Mitleidenschaft gezogen und nicht wiederaufgebaut. In die Erhaltung und Sicherung dieses Kulturguts von nationaler Bedeutung hat der 1973 gegründete Förderverein Burg Hohen Rätien bisher viel Zeit und auch Geld investiert: Der Pfaffenturm wurde wieder bewohnbar gemacht, die Kirche St. Johann Baptista restauriert, Überreste des Eckturms, Teile der Zwing- und Beringmauern gesichert. Herzstück der Burganlage ist der Turm Hoch Rialt, der bis zur ehemaligen Dachhöhe original erhalten geblieben ist und zu den ältesten Gebäuden dieser Art in der Schweiz zählt.

Burg Hohen Rätien
Familienstiftung
Hohen Rätien
Obere Bahnhofstrasse 4
7402 Bonaduz
Tel. 081 252 81 23
Tel. 079 443 15 83
castle@hohenraetien.ch
www.hohenraetien.ch

Öffnungszeiten Das Gelände ist ganzjährig zugänglich. Wenn die Besitzer anwesend sind (März bis Oktober), können auch die Kirche St. Johann, der ehemalige Wohn- und Verwaltungsturm Hoch Rialt und archäologische Grabungen besichtigt werden. Anmeldung für Gruppenführungen ist unerlässlich.

Eintritt (Kassensäule beim Burgeingang)
Erwachsene CHF 4.–,
Ermässigung Kinder (6–16 J.)

Anreise öV zu Fuss ab Bhf. Thusis Richtung Süden bis unter die Autobahnbrücke; ab hier ist der Weg zur Burg markiert (ca. 45 Gehminuten).

Viamala – Hinterrhein
Tiefes Tobel und tosendes Wasser

Einst als «schlechter Weg» berüchtigt – heute ist die Viamala Teil der 65 Kilometer langen Via Spluga, eines Klassikers unter den Kultur- und Wanderwegen.

Die Talschaften des Hinterrheins haben viel zu bieten: das mit dem Wakker-Preis ausgezeichnete Dorf Splügen, die Kirche St. Martin in Zillis, das Mineralbad Andeer oder das Hochtal Avers mit Juf, der höchsten ganzjährig bewohnten Siedlung Europas (2 126 m ü. M.). Zu den eindrücklichsten Erlebnissen gehört die sieben Kilometer lange und bis 300 Meter tiefe Viamala-Schlucht. Besucher erwartet ein magisches Schauspiel von Wasser und Lichtreflexen. In das Schiefergestein eingeschliffene Gletschermühlen lassen erahnen, welche Urkräfte während Jahrmillionen am Werk waren. Hier finden wir auch die steinerne Punt da Tgier, die über ein halbes Jahrtausend überlebt hat. Etwas weniger alt ist die 1739 erbaute Wildener-Brücke. Zwei Kavernen, die von der Schweizer Armee im 2. Weltkrieg in den Fels gehauen worden waren, werden heute als Inforama genutzt.
Saumpfade waren in alten Zeiten Lebensader für den Handel und strategische Belange. Prähistorische Felszeichnungen auf Carschenna beweisen, dass die Gegend bereits in der Bronzezeit (etwa 1500 v. Chr.) begangen wurde. Später marschierten römische Heere auf der Via Spluga über die Alpen und errichteten im Norden ihre Legionärslager. Sie wurden von Rittern, Kriegern, Händlern, Säumern und abenteuerlustigen Freigeistern abgelöst. Doch der Weg war voller Tücken: Die Schlucht, die der junge Rhein zwischen Thusis und Zillis in den Fels geschliffen hatte, war nur über schwankende Stege zu queren. Um 1473 wurde sie ausgebaut. Man wollte mit den Urnern gleichziehen, die die Schöllene passierbar machten.

Viamala-Schlucht
Gästeinformation
Äussere Bahnhofstrasse 4
7430 Thusis

Tel. 081 650 90 30
info@viamala.ch
www.viamala.ch

Öffnungszeiten täglich
März/April/Oktober 9–18 Uhr
Mai bis September 8–19 Uhr

Eintritt Erwachsene CHF 5.–, Ermässigung Kinder (6–16 J.) und Gruppen ab 10 Personen, Schatzsuche für Kinder CHF 3.–

Öffentliche Führungen
Juli/August jeweils Do, 14 Uhr (Anmeldung und Treffpunkt beim Viamala-Kiosk), Gruppenführungen auf Anmeldung (s Homepage)

Anreise öV bis Thusis mit der Bahn, dann mit dem Postauto Richtung San Bernardino, Haltestelle Viamala-Schlucht

Via Spluga
Der historische Weitwanderweg ist ab erste Hälfte Juni bis Mitte Oktober offiziell geöffnet. In dieser Zeit verkehren regelmässige Postauto-Kurse über den Splügenpass. Organisierte Touren mit Gepäcktransport oder Maultier-Trekking (www.viaspluga.ch).

■ **Erlebnisreich**
- Carschenna: Auf elf Felsplatten sind prähistorische Felszeichnungen eingeritzt (ca. 1800 v. Chr.).

Valser Wasserwelt – Vals
Kein gewöhnliches Wasser

Mehr als nur ein Klassiker unter den Werbeslogans: «Äs isch eifach guat, s Valser Wasser!»

Man kann einen Wellnesstag in der Therme Vals gleich mit dem Besuch der «Valser Wasserwelt» verbinden. Nach der Schliessung des alten Kurbades in den 1950er-Jahren begann man das Wasser der St. Petersquelle in Flaschen abzufüllen. Obwohl der Betrieb seit 2002 zum Coca-Cola-Konzern gehört, zählt das Valser Wasser noch immer zu den urschweizerischen Markenartikeln. Dazu beigetragen haben nicht nur eine clevere Werbestrategie, sondern auch die Tatsache, dass es eines der kalziumreichsten Mineralwasser in der Schweiz ist. Im Besucherzentrum am Dorfeingang von Vals taucht man symbolisch in das Element Wasser ein und wird mit neuen Aspekten und Perspektiven des lebenswichtigen Quells konfrontiert. Spektakuläre Bilder und überraschende Erlebnisse vertiefen das Verständnis und erklären bildhaft, warum Mineralwasser kein gewöhnliches Wasser ist.

Valser Wasserwelt
Valser Mineralquellen
Besucherzentrum
7132 Vals

Tel. 081 920 77 70
valser.wasserwelt@valser.ch

Öffnungszeiten
Mo–Fr 10–11.30 und 14–16 Uhr
April bis Mitte Mai (Zwischensaison Mi/Do geöffnet

Führung (ohne Anmeldung) jeden Mi 10 Uhr

Gruppenführungen auf Anmeldung

Eintritt gratis

Anreise öV mit Bahn bis Ilanz, dann mit Postauto bis Vals

Therme Vals
Steine, warmes Wasser und Architektur

«Eine Lektion in Sachen Mut und Ästhetik», so lauteten die Schlagzeilen, als 1996 die Felsentherme eröffnet wurde.

Das Heilwasser, das mit 30 Grad aus dem Boden quillt, wurde schon von den Römern genutzt. Die Ära des 1893 eröffneten Kurhauses jedoch war begrenzt: Ende der 1950er-Jahre schloss es seine Pforten. Zwar gab es Pläne für ein neues Bad. Doch gut Ding will Weile haben. Als die neue, von Peter Zumthor gestaltete Therme 1996 eröffnet wurde, avancierte das Bergdorf mit den steingedeckten Valserhäusern innert kurzer Zeit zum Wallfahrtsort für Wellness- und Architekturbegeisterte aus aller Welt. Schon zwei Jahre später wurde das in einem Seitental der Surselva liegende Bauwerk unter Denkmalschutz gestellt. Monolithisch, ohne Schnickschnack fügt es sich in die Alpenlandschaft ein. Dieser Purismus wurde auch im Innern konsequent durchgezogen. Die mit Beton verzahnten Gneisplatten aus dem nahen Steinbruch wirken wie tektonische Schichtungen und sind eine tragende Konstruktion. Ruhe, Ästhetik und Wohlgefühl werden durch eine ausgeklügelte Lichtführung unterstützt. Gegen die Talseite weiten sich die kavernenartigen Räume der Termenlandschaft und geben den Blick frei auf die Naturkulisse.

Therme Vals
7132 Vals

Tel. 081 926 80 80
therme@therme-vals.ch
hotel@therme-vals.ch
www.therme-vals.ch

Öffnungszeiten Therme
Mitte Juni bis Anfang April
täglich 11–20 Uhr
(s. Homepage)

Eintritt Erwachsene CHF 40.–, Ermässigung mit Gästekarte, Zutritt ab 5 J., Ermässigung 5–16 J.
Ticketreservation für Einzelgäste und Gruppen empfohlen (Online-Reservation www.therme-vals.ch)

Anreise öV mit Bahn bis Ilanz, dann mit Postauto bis Vals-Therme

Visit Vals Tourismus
Poststrasse 45
7132 Vals

Tel. 081 920 70 70
visitvals@vals.ch, www.vals.ch

■ **Erlebnisreich**

Bergsteigen
Das Adulamassiv mit seinen 50 Gipfeln hat für Alpinisten verschiedene Schwierigkeitsgrade.

Mineralien
Im Einzugsbereich der Valser Berge finden Strahler seltene Mineralien.

Schweizer Nationalpark – Zernez
Bartgeier, Steinbock und Edelweiss

Der 1914 gegründete Schweizer Nationalpark ist Europas ältestes Alpen-Naturreservat – eine Landschaft mit rauem Charme und vielen Überraschungen.

Zernez ist das Eingangstor zum Schweizer Nationalpark, der seit 1979 zu den UNESCO-Biosphärenreservaten zählt. In der Nähe des Schlosses Planta-Wildenberg wurde 2008 das vom Bündner Architekten Olgiati konzipierte Besucherzentrum eröffnet. Im monolithisch anmutenden Neubau befindet sich eine attraktive Ausstellung, die virtuelle Entdeckungsreisen durch den Nationalpark ermöglicht. Hier können auch von versierten Rangern geleitete Touren durch das Naturrefugium gebucht werden. Wer auf eigene Faust losmarschieren will, erhält Wandervorschläge und Informationen über den Zustand der Wege sowie Tipps über aktuelle faunistische und floristische Sehenswürdigkeiten. Das rund 80 km lange Tourennetz weist unterschiedliche Schwierigkeitsgrade auf.

Der Nationalpark liegt im östlichsten Zipfel Graubündens. Hier wachsen Berg- und Legföhren. Der Wald macht etwa ein Drittel des mehr als 170 km² grossen Gebietes aus. 20 % der Fläche sind alpine Magerwiesen und Weiden. Der Rest besteht aus Fels, Geröll, Schnee, Eis, Wasser. Das Gelände liegt auf 1400 bis 3174 m ü. M. Rutschige Steingletscher und karge Mondlandschaften bilden einen frappanten Gegensatz. Fauna und Flora finden in der unberührten Alpenwelt viel Lebensraum. Zum «beweglichen Inventar» zählen Steinböcke, Hirsche, Gämsen, auch Murmeltiere und Schlangen sind hier zuhause. Mit etwas Glück entdeckt man im Sommer einen Bartgeier-Horst mit einem bald flüggen Jungtier. Kaum Probleme hat es bisher mit vereinzelt auftauchenden Wölfen und Bären gegeben.

Schweizer Nationalpark
Nationalparkzentrum
7530 Zernez
Tel. 081 851 41 41
Fax 081 851 41 12
info@nationalpark.ch
www.nationalpark.ch

Nationalparkzentrum Öffnungszeiten
2. Hälfte Mai bis Ende Oktober täglich 8.30–18 Uhr
November bis Mai Mo–Fr 9–12/14–17 Uhr (teils durchgehend offen), an Wochenenden ist das Zentrum nicht immer offen Öffnungszeiten (s. Homepage). Gruppen auf Anfrage (auch ausserhalb der regulären Öffnungszeiten möglich)

Anreise öV mit RhB bis Zernez, Anreise zu verschiedenen Ausgangspunkten im Nationalpark, ab Zernez mit Postauto und Bus möglich

■ **Erlebnisreich**
- Neben der reichen Alpenflora leben im Nationalpark auch 30 Säugetier- und 60 Vogelarten.
- Saurierspuren: An der Steilwand des Piz dal Diavel (2450 m ü. M.) sind Spuren eines riesigen Prosauropoden und von 13 Raubsauriern sichtbar. Das durch die Alpenfaltung aufgedeckte Phänomen ist von der Cluozzahütte aus besonders gut zu sehen.

Kirche St. Martin – Zillis
Die «Sixtina der Alpen»

Wer in der Kirche St. Martin ehrerbietig den Blick hebt, tut dies der bemalten Kirchendecke wegen, eines einmaligen kulturhistorischen Juwels.

«Sixtina der Alpen», den Namen verdankt die evangelische Bündner Kirche einer aus 153 bemalten Quadraten bestehenden Holzdecke. Das um 1114 entstandene Werk romanischer Bildkunst ist weltweit einzigartig. Im Wissen, dass das zu Beginn des 12. Jhs. auf einer viel älteren Vorgängerkirche errichtete Gebäude verschiedene Umbauten erlebte, erscheint es wie ein Wunder, dass die ca. 90 x 90 cm grossen Holztafeln 900 Jahre fast schadlos überstanden haben und nie übermalt wurden. Das farbige «Bilderbuch» aus dem grauen Mittelalter dokumentiert Weltbild und Frömmigkeitsempfinden der damaligen Zeit. Die 48 Randfelder zeigen Meere, welche von schauerlichen Fabelwesen bevölkert sind. Zu entdecken sind auch Szenen aus der Jonas-Geschichte. Die Windsbräute in den vier Eckfeldern symbolisieren Engel, welche das Jüngste Gericht ankünden. Auf den 98 Innenfeldern wird die Herkunft Jesu und sein Leben von der Geburt bis zum letzten Abendmahl und der Dornenkrönung erzählt. Sieben Kassetten sind dem Kirchenpatron St. Martin gewidmet und dürften später entstanden sein.
Zum ersten Mal wissenschaftlich erfasst wurde die Kassettendecke 1872. Es ist davon auszugehen, dass die vor dem Bemalen mit einer dünnen Gipsschicht grundierten Tannenholztafeln bei späteren Umbauten teils verschoben oder angepasst wurden. Trotz ihres relativ guten Zustands sind die Erhaltung und Konservierung dieses kostbaren «BilderHimmels» aus einer längst vergangenen Epoche für die Fachleute eine grosse Herausforderung.

Kirche und Ausstellung St. Martin
7432 Zillis
Tel. 081 661 22 55
ausstellung@zillis-st-martin.ch
www.zillis-st-martin.ch

Öffnungszeiten
Gründonnerstag bis
1. November täglich 9–18 Uhr
übrige Zeit täglich 9–17 Uhr

Ausstellung (Postgebäude)
Gründonnerstag bis
1. November täglich 9–18 Uhr,
übrige Zeit So 10–16 Uhr,
Führungen für Gruppen ab
8 Personen auf telefonische
Anmeldung

Eintritt
Kombibillett Kirche und Ausstellung Erwachsene CHF 4.–,
Jugendliche (12–18 J.) CHF 2.–

Anreise öV bis Bhf. Thusis, dann Postauto Richtung San Bernardino bis Haltestelle Zillis

■ **Erlebnisreich**
Ausstellung: Neben der Kirche St. Martin ist eine mittelalterliche Malerwerkstatt eingerichtet. Gezeigt werden u. a. die Arbeitsschritte, die für das Anfertigen der berühmtesten Kirchendecke der Schweiz nötig waren.

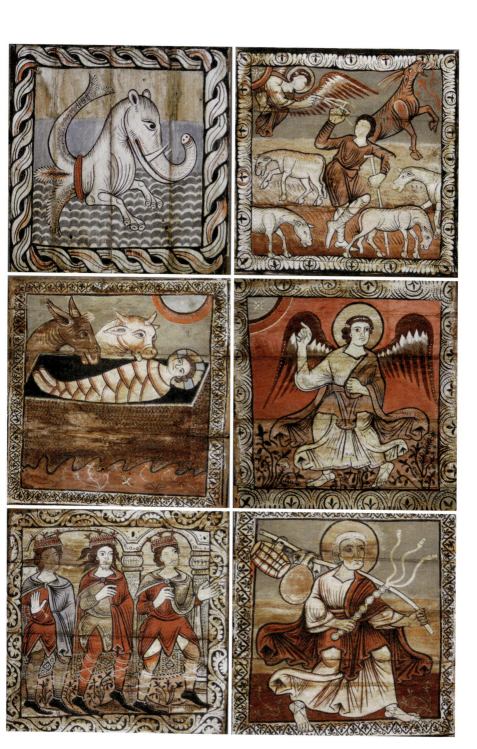

Forscherparcours Alp Flix – Savognin
Für Artenforscher von 7 bis 12 Jahren

Die Alp Flix ist eine Schatzinsel der Artenvielfalt. Der Forscherparcours vom Parc Ela wurde für Kinder entwickelt. Das Forscher-Kit (in Tourismusbüros und Hotels der Region für CHF 38.– erhältlich) enthält Gips zum Ausgiessen von Tierspuren, Becherlupe, ein Bauset für ein Wasserrad und ein Forschungstagebuch.

Info- und Buchungsstelle Parc Ela
Stradung
7460 Savognin/Sur

Tel. 081 659 16 18
info@parc-ela.ch
www.parc-ela.ch

Öffnungszeiten
Frühling bis Herbst

Anreise öV Mit dem Postauto nach Sur (GR), Haltestelle «Postautoplatz». Von dort mit dem Bus Alpin auf die Alp Flix. Nur Forscherparcours ab Tgalucas (Parkplatz und Haltestelle Bus Alpin), inkl. Experimente: ca. 2 Stunden.

Wanderung Marmorera–Alp Flix–Sur: ca. 3 Stunden (ohne Pausen und Forscherparcours).

Mittelland – Emmental – Berner Oberland – Bern – Fribourg

Glockengiesserei Berger – Bärau
Einem alten Handwerk auf der Spur

Er gehört zu den letzten Betrieben seiner Art: Besucher lernen im Emmentaler Dorf Bärau das Handwerk des Glockengiessens kennen.

Ob kleine oder grosse Glocke, das Prinzip des Giessens ist seit Jahrhunderten gleich: Sand, Lehm, eine im Feuer flüssig gewordene Bronzelegierung und Wasser sind die Elemente, die es braucht. Die im Jahre 1730 gegründete Glockengiesserei Berger ist auf die Einzelanfertigung von massiven Schmuck- und Spezialglocken und Glocken für Nutztiere spezialisiert. Gruppen können die Arbeitsschritte aus nächster Nähe mitverfolgen und sich selber als Glockengiesser betätigen. Eine Arbeit, die sehr aufwändig ist: Bis die «Glockenspeise», das flüssige Metall, in die Gussform aus Sand geleitet werden kann, sind mehrere Arbeitsgänge notwendig. Dass von diesem alten Handwerk noch heute eine grosse Faszination ausgeht, wird jeder Teilnehmer bestätigen, wenn das gute Stück geschliffen, sandgestrahlt und mit einem Klöppel versehen ist.

Glockengiesserei Berger
Bäraustrasse 6
3552 Bärau i/E.

Tel. 034 408 38 38
info@glocken.ch
www.glocken.ch

Gruppenevents mit Glockenherstellung nur auf Anmeldung (s. Homepage)

Anreise öV ab Bhf. Langnau i. E. mit dem Bus bis Bärau

■ **Erlebnisreich**
Gruppenangebote auf Anmeldung:
a) pro Gruppe 1 Glocke herstellen (Zeitbedarf 2 Std.)
b) pro Person 1 vorgeformte Sandform selber verzieren und giessen (3–4 Std.)
c) pro Person 1 Glocke formen, verzieren und giessen (4–6 Std.)

Berner Münster
Schweizer Rekord für Kirchturm und Geläute

Das Berner Münster ist der grösste spätmittelalterliche Sakralbau in der Schweiz.

Das Wahrzeichen der Bundesstadt wurde 1983 mit der Berner Altstadt in das UNESCO-Verzeichnis der Weltkulturgüter aufgenommen. Der Grundstein für das gotische Münster wurde 1421 gelegt. Doch Krieg, Geldmangel und statische Probleme verzögerten die Fertigstellung um mehr als 150 Jahre. Der Turm mass 1588 angeblich bloss 55 Meter. Die heutige Höhe von 101 Metern erhielt er zwischen 1889 und 1893. Rund 350 Stufen führen zur zweiten Besuchergalerie auf 64 Metern. Im Münsterturm ist auch eine kleine, bis 2007 bewohnt Klause eingerichtet. Bis weit ins 20. Jahrhundert hinein hatte der Turmwächter die Aufgabe, Brände zu melden.
Ein besonderes Bijou ist das Münsterportal, welches das Jüngste Gericht darstellt. Weil die Umweltverschmutzung dem Sandstein arg zugesetzt hatte, wurden bei der Sanierung im ausgehenden letzten Jahrhundert 47 der 234 lebensgrossen Figuren durch Kopien ersetzt. Die restaurierten Originale sind im Historischen Museum Bern zu besichtigen. Der aus dem 15. Jh. stammende Glasmalerei-Zyklus im Chor zählt schweizweit zu den bedeutendsten Schätzen dieser Art. Da Zwingli Orgeln als «Teufels Dudelsack» bezeichnete, wurden nach der Reformation zwei Schwalbennestorgeln und drei kleinere Orgeln entfernt. Die heutige Hauptorgel stammt aus dem Jahr 1729, und an der Südwand des Chors befindet sich seit 1982 wieder eine Schwalbennestorgel.

Berner Münster
Münsterplatz 1
3000 Bern 8

Infostelle Münster
Tel. 031 312 04 62
infostelle@bernermuenster.ch

Kontakt Münsterturm
Tel. 079 760 26 74
muensterturm@bernermuenster.ch
www.bernermuenster.ch

Öffnungszeiten
Kirche
Mitte Oktober bis Ende April
Mo–Fr 12–16 Uhr, Sa 10–17 Uhr,
So 11.30–16 Uhr
Mai bis Mitte Oktober
Mo–Sa 10–17 Uhr,
So 11.30–17 Uhr
Turm
Mitte Oktober bis Ende April
Mo–Fr 12–15.30 Uhr,
Sa 10–16.30 Uhr
So 11.30–16.30 Uhr
(Schliessung von Kirche und Turm möglich)

Eintritt Turm
Erwachsene CHF 5.–, Ermässigung für Kinder und Gruppen

Anreise öV ab Bhf. wenige Gehminuten durch pittoreske Gassen und Lauben

■ **Erlebnisreich**
- Das Münster-Geläut wiegt fast 30 Tonnen. Die neun Glocken repräsentieren eine Zeitspanne von sieben Jahrhunderten – von der Gründungszeit der Eidgenossenschaft bis 1883.

Bundeshaus Bern
Schaltzentrale der Schweizer Politik

Der Schweizer Parlamentssitz an schönster Lage in der Bundeshauptstadt.

Aus architektonischer Sicht besteht das Bundeshaus aus zwei durch einen repräsentativen Mittelteil miteinander verbundenen Verwaltungsflügeln. Das «Bundes-Ratshaus» (heute Westflügel) wurde in den 1850er-Jahren erbaut. 1892 konnte der Ostflügel bezogen werden. Der Mittelteil, in dem das Parlament noch heute tagt, wurde zwischen 1894 und 1902 erstellt. Vor wenigen Jahren wurde das Bundeshaus mit seiner weit herum sichtbaren Kuppel einer umfassenden Sanierung unterzogen. Vier Mal jährlich treffen sich die vom Volk gewählten National- und Ständeräte zur Session, welche von der Zuschauertribüne aus live mitverfolgt werden kann.

Pfeiler der Schweizer Konkordanzpolitik
Bundesversammlung: Das Schweizer Parlament als höchstes gesetzgebendes Organ setzt sich aus den beiden Kammern Nationalrat und Ständerat zusammen. Das Parlament ist politisch in Fraktionen gegliedert. Kleinere Gruppierungen können sich einer grösseren Fraktion anschliessen oder sie bilden mit anderen Mitgliedern eine Fraktionsgemeinschaft (mindestens fünf Ratsmitglieder). Nationalrat und Ständerat tagen unter dem Vorsitz ihres Präsidenten. Sie nehmen Wahlen vor (Bundesrat), entscheiden bei grösseren Konflikten zwischen den Bundesbehörden und sprechen Begnadigungen aus.

Bundeshaus Bern
Parlamentsdienste
Bundesplatz 3
3003 Bern

Bundeshausführungen
Tel. 031 322 85 22
besucherdienst@parl.admin.ch
www.parlament.ch

Gruppenführungen
(10 bis max. 40 Personen) von Mo–Sa (Zeiten s. Homepage). Anmeldung mindestens 6 Monate im Voraus.

Führungen für Einzelpersonen
Anmeldung spätestens am Vortag. Mo–Sa in der Regel um 11.30 und 15 Uhr. Freie Plätze bei Gruppenführungen werden auch an Einzelpersonen vergeben.

Tribünenbesuch Während der Session ist eine Anmeldung für Einzelpersonen nicht notwendig.

Der Besuchereingang befindet sich auf der Südseite des Parlamentsgebäudes (über die Bundesterrasse erreichbar).

Anreise öV vom HB Bern wenige Gehminuten

Nationalrat: Die 200 Mitglieder sind in erster Linie Volksvertreter. Je 37 500 Einwohner hat der jeweilige Kanton Anspruch auf einen Vertreter. Jeder Kanton respektive Halbkanton bildet einen Wahlkreis, in dem mindestens ein Mitglied zu wählen ist.
Ständerat: Jeder Kanton ist mit zwei Ständeräten vertreten. Die Halbkantone Basel-Stadt und Basel-Landschaft, Ob- und Nidwalden, Appenzell Ausserrhoden und Appenzell Innerrhoden haben Anspruch auf je einen Sitz (insgesamt 46 Kantonsvertreter).
Parlamentskommissionen: Sie haben die ihnen zugewiesenen Geschäfte vorzubereiten und den beiden Räten Anträge zu stellen. Der Nationalrat stellt pro Kommission 25, der Ständerat 13 Mitglieder. Die vorberatenden Gruppen arbeiten intensiv mit dem Bundesrat zusammen.

Kunstmuseum Bern
800 Jahre Kunstschaffen

3000 Gemälde und Skulpturen, mehr als 50 000 Zeichnungen aus acht Jahrhunderten sowie Druckgrafiken, Fotografien und neuere Kunstformen stellt das Kunstmuseum zur Schau.

Das Kunstmuseum Bern ist das älteste Kunstmuseum der Schweiz mit einer permanenten Sammlung. Werke von Ferdinand Hodler, Paul Klee, Pablo Picasso, Franz Gertsch, Vincent van Gogh und Meret Oppenheim haben das Kunstmuseum Bern zu einer Institution mit Weltruf gemacht. Zeitgenössische Positionen sind durch umfangreiche Werkgruppen von Bernhard Luginbühl, Markus Raetz, Urs Lüthi, Dieter Roth oder Sigmar Polke vertreten. Ein Schwerpunkt bildet die Kunst von Frauen wie Sophie Taeuber-Arp, Louise Bourgeois und Marina Abramovic. Neben der ständigen Sammlung werden sowohl thematische Ausstellungen als auch grosse Einzelausstellungen gezeigt.

Kunstmuseum Bern
Hodlerstrasse 8–12
3000 Bern 7

Tel. 031 328 09 44
info@kunstmuseumbern.ch
www.kunstmuseumbern.ch

Öffnungszeiten ganzjährig
Di 10–21 Uhr, Mi–So 10–17 Uhr
(geschlossen Karfreitag, 1. August, 25. Dezember)

Eintritt
Allgemeine Sammlung
Erwachsene CHF 7.–
Eintritt Sonderausstellungen
Erwachsene bis CHF 18.–,
Ermässigung für Studenten, AHV/IV und Gruppen ab 10 Personen

Gruppenführungen/private Führungen nach Vereinbarung
Tel. 031 328 09 11, vermittlung@kunstmuseumbern.ch

Anreise öV ab HB Bern Bus Linien 11 / 20 / 21 bis Station Bollwerk, wenige Gehminuten bis Hodlerstrasse (Bhf. Aufgang Neugasse nehmen)

■ **Erlebnisreich**
Jedes Jahr gibt es rund zehn Sonderausstellungen. Das Angebot wird ergänzt durch Workshops, Art-Talks in englischer Sprache, Kunst-Club für Kinder und weitere Events.

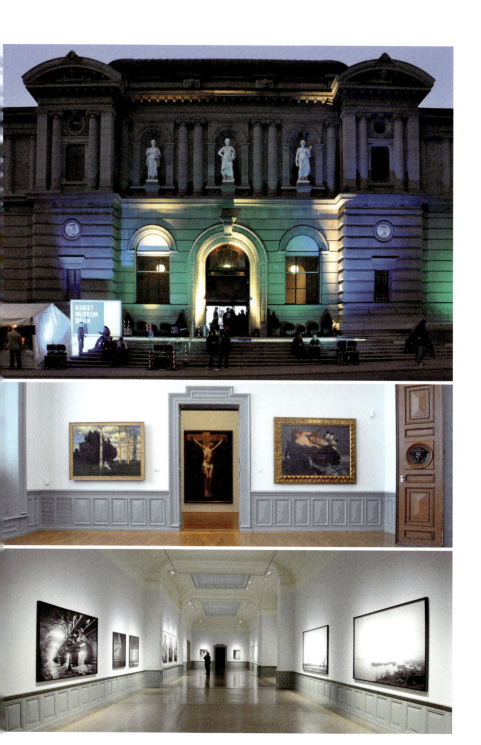

Zytglogge Bern
Vom Wehrturm zum Uhrturm

Zeitglockenturm, Münster und Bundeshaus gehören zu den Wahrzeichen der Berner Altstadt.

«Zytglogge» heisst der Turm mit dem riesigen Zifferblatt und dem Astrolabium im Volksmund. Er zieht Heerscharen von Touristen an, welche das weltberühmte Figurenspiel nicht verpassen wollen. Vier Minuten vor der Zeit verkündet der Hahn, wie von Zauberhand geweckt, dass schon bald wieder eine ganze Stunde vorbei sei. Dann setzt sich der Bärenzug in Bewegung (er stellt die Stadtwache dar). Der Narr, auch er zu früh, gibt mit seinen beiden Glöckchen den Stundenschlag an. Hat der Hahn zum zweiten Mal gekräht, ertönen vom Turm die Viertelstundenschläge. Chronos dreht die Sanduhr und gibt mit dem Zepter das Kommando für den Stundenschlag, den er aufmerksam mitzählt. Nach dem dritten Hahnenschrei erstarrt dann das Figurenspiel – bis zur nächsten Stunde.

Am 14. Mai 1405 legte ein Feuer grosse Teile der von Herzog Berchtold V. von Zähringen im Jahr 1191 gegründeten Stadt auf der Aarehalbinsel in Schutt und Asche. Beim Wiederaufbau wurde auf den Grundmauern des ersten westlichen Stadttors der «Zytglogge» errichtet. Das Uhrwerk funktionierte aber nur rund 120 Jahre. 1530 wurde dann das von Schmiedmeister Kaspar Brunner konstruierte Monumentaluhrwerk installiert, das auch ein halbes Jahrtausend später noch Laien und Fachleute in Staunen versetzt. Bis zum digitalen Zeitalter richtete sich in der Stadt und in der Republik Bern alles nach dieser Uhr. Sie diente einst aber auch als «Meridian», um die zeitliche Distanz zwischen der Hauptstadt und anderen Städten und Dörfern zu berechnen. Im Torduchgang waren Elle und Klafter als Urmasse der öffentlichen Kontrolle angebracht.

Zeitglockenturm Bern (Zytglogge)
Bern Tourismus
Bahnhofplatz 10a
3011 Bern

Tel. 031 328 12 12
info@bern.com
www.bern.com
www.zeitglockenturm.ch

Öffentliche Führungen
von April bis Oktober täglich 14.30 Uhr (Dauer ca. 50 Minuten, Reservation empfehlenswert) Gruppenführungen (max. 20 Personen) ganzjährig auf Anmeldung

Eintritt Erwachsene CH 15.–, Ermässigung für Kinder (6–16 J.) und Gruppen

Anreise öV ab Bhf. Bern alle innerstädtischen Tram- und Buslinien bis Zytglogge, ab Bhf. wenige Gehminuten durch die Lauben

■ **Erlebnisreich**
Im Rahmen von Führungen können die Aussichtsplattform und das mittelalterliche Uhrwerk in Betrieb besichtigt werden.

Ballenberg – Hofstetten
Freilichtmuseum – Leben wie anno dazumal

Mehr als hundert historische Gebäude aus der ganzen Schweiz umfasst das 1978 eröffnete Freilichtmuseum Ballenberg. Eine Begegnung mit altem Handwerk, Traditionen, Fauna und Flora.

Bilderbuchwelt – lebendiger Alltag: Vielerorts herrscht drinnen und draussen geschäftiges Treiben. Hell klingt der Amboss aus der Schmiede. Am Flüsschen rattert die Sägerei. Es wird geschnitzt, geklöppelt, gesponnen, gewoben, über dem Herdfeuer gekocht, gebacken ... in der Alphütte stellt der Senn seinen Käse nach alter Tradition her. Simmentaler Kühe, Rhätisches Grauvieh, Freiberger Pferde, Schaf- und Ziegenrassen mit ihren Jungen sind lebendige Statisten im 66 ha grossen Park. Berner Weissschwänze picken Körner von den Äckern. Bei der Scheune grunzen Schweine, gackern Hühner, schnattern Gänse – alles einheimische, vom Aussterben bedrohte Haustierrassen. In den Gärten wachsen fast vergessene Gemüse und Blumen. Im Heilkräutergarten gedeihen Pflanzen, die in der historischen Drogerie zu Tee, Auszügen und Arzneien verarbeitet werden.
Gaumenfreuden wie zu Gotthelfs Zeiten gibt es in den drei behäbigen Gasthöfen. Im Lädeli ist «Hausgemachtes» erhältlich – vom Rauchwürstli bis zu den Ballenberg Meringues. Doch nicht nur altes Handwerk und Gaumenfreuden und die rar gewordene Fauna und Flora werden hier gepflegt, sondern auch Schweizer Brauchtum: vom Schwinget über Trachtentanz und Volksmusik bis zur Brächete und Metzgete.

Schweizerisches Freilichtmuseum Ballenberg für ländliche Kultur
Museumsstrasse 131
3858 Hofstetten

Tel. 033 952 10 30
Infotelefon 033 952 10 40
info@ballenberg.ch
www.ballenberg.ch

Öffnungszeiten
April bis Oktober täglich
10–17 Uhr

Eintritt Erwachsene CHF 20.–, Ermässigung für Kinder (6–16 J.), Gruppen ab 10 Personen sowie Studenten/Rentner/IV und Familien, 2-Tagespässe. Führungen auf Anmeldung (2 Stunden)

Anreise öV mit der Zentralbahn ab Interlaken oder Luzern bis Bhf. Brienz oder Brünig. Weiter mit dem Linienbus zu den Eingängen Ballenberg West und Ost.

■ **Erlebnisreich**
- individuelle Entdeckungsreisen anhand von Themenführern (an den Kassen erhältlich)
- vielfältiges Kursangebot für traditionelles Handwerk und zeitgenössische Gestaltung
- In einer traumhaften Freiluft-Kulisse wird jeden Sommer ein anderes Theaterstück inszeniert.

Brienzer Rothorn Bahn – Brienz
Volldampf für den «Würstli-Bummler»

Vom Holzschnitzerdorf geht es mit Volldampf aufs Brienzer Rothorn. Als einzige Zahnradbahn der Schweiz verfügt die BRB über Dampfloks aus drei Generationen.

Selbst an schönen Tagen gibt es bei der BRB-Talstation Nebelschwaden. Es zischt und dampft, als ob sich der Drache von der Beatushöhle in der Adresse geirrt hätte. Bei genauerem Hinsehen entpuppt sich das Ungeheuer als schnuckelige Dampflok, die natur- und aussichtshungrige Passagiere aufs Rothorn transportiert. In knapp einer Stunde überwindet die 1892 in Betrieb genommene Zahnradbahn 1678 Höhenmeter. Die 7,6 km lange Strecke führt durch Wälder, blumenreiche Alpen und an steilen Felswänden vorbei.

Der Blick auf den türkisblauen Brienzersee, auf spielzeughaft anmutende Dörfer und die schneebedeckte Alpenkette macht das irdische Glück vollkommen. Gesteigert wird es nur durch die Fahrt mit dem «Würstli-Bummler». Er ist ab Juni immer am Mittwoch in Betrieb, Abfahrt ist jeweils 10 Uhr, es ist keine Anmeldung erforderlich, die Plätze sind beschränkt. Beim Zwischenhalt serviert der Lokführer die im Dampfkessel der Lokomotive – Baujahr 1891 – zubereiteten Heizerwürstli. Dazu gibt es knuspriges Zahnstangenbrot. Weitere attraktive Angebote für Einzelpersonen, Familien und Gruppen (s. Homepage).

Brienz Rothorn Bahn AG
Hauptstrasse 149
3855 Brienz

Reservation Bahn
Tel. 033 952 22 22
Fahrplan-Info: 033 952 22 20
info@brb.ch
www.brienz-rothorn-bahn.ch

Sommerbetrieb im Mai reduzierter Fahrplan bis Planalp, ab Juni bis 2. Hälfte Oktober regulärer Fahrplan bis Rothorn-Kulm (reduzierter Betrieb bei schlechtem Wetter oder ungenügender Auslastung)

Tickets und Spezialangebote
Daten, Zeiten und Preise (s. Homepage). Fahrten im Führerstand gegen Aufpreis. Werkstattbesuch von Gruppen auf Anmeldung

Anreise öV ab Luzern über den Brünig oder Interlaken bis Bhf. Brienz; mit dem Schiff von Interlaken nach Brienz. Von der Anlegestelle drei Gehminuten bis zur BRB-Talstation

■ **Erlebnisreich**
- **Brienzersee-Schifffahrten:** Auch auf dem See wird Dampf gemacht: Tel. 058 327 48 10 / www.bls.ch/d/schifffahrt/fahrplan-dampfschiffe.php
- **Giessbachfälle:** In 14 Stufen stürzen die tosenden Wassermassen über 500 m in den Brienzersee. Das Hotel Giessbach wird durch die älteste Standseilbahn Europas erschlossen www.giessbach.ch

Kraftwerk und «Grimselwelt» Innertkirchen

Wasser-Reich, Energie-Flut, Kraft-Ort

«Grimselwelt»; das Erlebnisprogramm der KWO, Kraftwerke Oberhasli AG, spricht Technikfreaks und Naturfreunde an.

Für «Grimselwelt» wurden viele der teils aus der Gründerzeit stammende Kraftwerk-Infrastrukturen umgenutzt und zu einem touristischen Gesamtangebot vernetzt. Aus Werkbahnen wurden sichere Berg- und Seilbahnen, aus Baracken gemütliche Hotels, Restaurants und Berghäuser. Die ehemalige Schwerlastbahn durch die Aareschlucht transportiert heute Touristen. Bergwanderwege wurden erstellt und Hindernisse mit modernen Hängebrücken passierbar gemacht. Spannend ist auch das Angebot an geführten Kraftwerk- und Staumauer-Besichtigungen. Eine Schatzkammer der besonderen Art ist die 1974 beim Bau eines Kraftwerks entdeckte Kristallkluft Gerstenegg. Sie befindet sich rund 1,5 km tief im Grimselmassiv. Und nicht zuletzt: Das interessante Touristikangebot schafft in einer wenig privilegierten Gegend neue Arbeitsplätze und Absatzmöglichkeiten für lokale Produkte.

«Grimselwelt» steht für Abenteuer, urtümliches Naturerlebnis, Spitzentechnologie, Geschichte(n) und Anschauungsunterricht. Sie steht aber auch für Pioniere, die mit revolutionären Bauten und Techniken die Wasserfälle, die im Oberhaslital zum Teil bis 1700 Meter in die Tiefe stürzen, besser nutzten. Der erste Stausee am Grimselpass wurde 1932 eingeweiht. Heute sorgen neun Pumpkraftwerke und 26 Turbinen, acht Stauseen, ein 150 Kilometer langes, begehbares Stollennetz und hunderte von Kilometern Rohrleitungen für eine optimale Speicherung und Regulierung der Wassermenge.

Grimselwelt
3862 Innertkirchen
Tel. 033 982 26 26
welcome@grimselwelt.ch
www.grimselwelt.ch

Öffnungszeiten Besucherzentrum Grimsel-Hospiz
Ende Mai bis zweite Hälfte Oktober täglich 8–20 Uhr, Eintritt frei

Führungen Angebote für Gruppen, Schulklassen und Einzelpersonen, Reservation notwendig

Infos Zum Besichtigungsprogramm, Daten und Kosten (s Homepage) und Webcode:
«Der Strom entsteht (503)
«Energie im Granit» (504)
«In Zukunft Strom» (505)
«Faszination Natur und Technik» (506)
«Wasserkraft und Ökologie», (507)
«Wasserkraft begreifen» (509)
«Wasser-Kraft erleben» (510)

Anreise öV bis Innertkirchen mit Bahn, ab Innertkirchen regelmässige Postautokurse zu den Dörfern und Ausflugszielen Grimselwelt

Der von den KWO gesamthaft produzierte Strom deckt den Energiebedarf von rund einer Million Menschen. Weil der Stromhunger stetig wächst und die Schweiz auf den Bau von weiteren Atomkraftwerken verzichten will, sind die Kraftwerke Oberhasli bereit, die Effizienz des natürlichen, sich ständig erneuernden «Rohstoffs» zu erhöhen. Klar, dass sich bei solchen Vorhaben manchmal wirtschaftliche Aspekte und Naturschutz in die Quere kommen. Doch die KWO haben sich verpflichtet, beim Ausbau Rücksicht auf die einzigartige alpine Landschaft zu nehmen.

Erlebnisreich
- **Brückenschlag**
Triftbrücke: längste und höchste Hängeseilbrücke des Alpenraums (170 m lang, 100 m hoch)

- **Bahn-sinnig**
Meiringen-Innertkirchen-Bahn: kürzeste Schmalspurbahn der Schweiz. Gelmerbahn: steilste Standseilbahn Europas mit 106 % Steigung. Triftbahn: abenteuerliche Fahrt über die Triftschlucht ins gleichnamige Gletschergebiet. Tällibahn: führt zum ersten Klettersteig der Schweiz (Gadmer-Felswände) und zum Restaurant und Berghaus Tälli

- **Bergwelt Haslital**
viele gut markierte Bergwanderwege und Kletterrouten

Jungfrau-Land – Interlaken
Mit der Bahn auf Europas «Dach»

Das Berner Oberland ist ein Schienen- und Luftseilbahn-Eldorado. Höhepunkt ist die Fahrt mit der Jungfraubahn zum «Top of Europe» auf 3454 m ü. M.

Allein schon die Anfahrt von Interlaken aus ist ein Erlebnis: vorbei an Wiesen, engen Taleinschnitten, stiebenden Wassern und knorrigen Wäldern. Am Bahnhof Interlaken Ost heisst es aufpassen: Da sich die Anfahrtswege Richtung Kleine Scheidegg bei Zweilütschinen trennen, werden die Züge der Berner Oberland-Bahn (BOB) ab Interlaken separat geführt. Je nach Route steigt man in Grindelwald oder Lauterbrunnen in die Wengernalpbahn Richtung Kleine Scheidegg um, wo man vor der atemberaubenden Kulisse des berühmten Oberländer Dreigestirns Eiger, Mönch und Jungfrau aussteigt. Viele wollen höher hinaus: seit 1912 auch für wenig geübte Berggänger kein Problem. Also, bitte einsteigen! Von der Kleinen Scheidegg aus schlängelt sich die Jungfraubahn durch hochalpines Gelände. Beim Eigergletscher verschwindet sie in einen mehr als sieben Kilometer langen Tunnel. Der Blick durch die Aussichtsfenster bei den Stationen «Eigernordwand» und «Eismeer» geht auf eine frostige Urwelt bis weit hinaus ins liebliche Mittelland. Die Endstation auf 3454 m ü.M. – die höchstgelegene Bahnstation Europas und die zweithöchste der Welt – beeindruckt durch ihre moderne, auf Touristen aus aller Welt ausgerichtete Infrastruktur.

Jungfraubahnen
Harderstrasse 14
3800 Interlaken

Tel. 033 828 72 70
Railinfo 033 828 72 33
info@jungfrau.ch
www.jungfrau.ch

**Jungfrau-Region
Interlaken Tourismus**

Tel. 033 826 53 00
mail@interlakentourism.ch
www.interlaken.ch

Von der Besucherterrasse und vom verglasten Restaurant «Crystal» haben die Besucher eine fantastische Sicht auf die Gipfelwelt und den Aletsch-Gletscher. Diesem längsten Eisfluss Europas verdankt die Region den Titel «UNESCO-Naturerbe». Das Jungfraujoch ist Ausgangspunkt für anspruchsvolle Gletscherwanderungen und Hochtouren.
Weniger Sportliche begnügen sich mit dem Besuch des Eispalastes. Leicht zu erreichen sind auch das Plateau und die Mönchsjochhütte. Oder man fährt mit dem Lift zur Aussichtsterrasse der Sphinx, wo sich das höchstgelegene Observatorium Europas befindet.

Erlebnisreich
- **Interlaken**: Mit der Drahtseilbahn ist man in wenigen Minuten auf dem «Harder», dem Hausberg Interlakens, zwischen Thuner- und Brienzersee. Nur wenige Schritte von der Schiffsstation und vom Bahnhof Interlaken West entfernt befindet sich die Nostalgie-Seilbahn auf die Heimwehfluh.
- **Schynige Platte**: Von Wilderswil aus führt eine Zahnradbahn in vielen Kehren auf das Hochplateau (1967 m ü. M.). Im Alpinium gedeihen seltene Bergpflanzen (www.jungfrau.ch, info@jungfrau.ch).
- **Männlichen**: Ein lohnenswerter Aussichts- und Wanderberg, welcher von Wengen und Grindelwald aus mit Gondelbahnen erschlossen ist (www.maennlichen.ch; www.mywengen.ch).
- **Grindelwald**: Am Oberen und Unteren Grindelwaldgletscher sind die Folgen der Erderwärmung auf eindrückliche Weise ersichtlich (Grindelwald Tourismus Tel. 033 854 12 12, www.grindelwald.ch, touristcenter@grindelwald.ch).

Papiliorama – Kerzers
Schmetterlingsballett und Maya-Dschungel

Das Papiliorama ist mehr als ein Schmetterlingsparadies: Die drei Tropenhäuser beherbergen unbekannte, exotische Tiere und Pflanzen.

Hauptmagnet ist die Schmetterlingshalle. Wir starten beim Jungle Trek. Im 2008 eröffneten Pavillon hat sich ein grüner Tropenwald entwickelt, welcher «Shipstern», einem 11 000 ha grossen Gebiet im Norden von Belize, nachempfunden ist, das einst von den Mayas besiedelt war. Es gehört seit 1989 der Stiftung Papiliorama und wird seither ständig erweitert und erforscht.
Auf verschlungenen Wegen geht man durch den Jungle Trek, durch Mangrovensümpfe und an einem verwitterten Maya-Tempel und an Schaugehegen vorbei, welche Ameisenbär, Jaguar, farbenprächtigen Regenbogentukanen u.a. Rückzugsmöglichkeiten bieten. Zum Erlebnis wird der Blick von der Panoramabrücke. Auf sieben Metern Höhe führt sie durch die wuchernde Vegetation. Gute Augen braucht es im Nocturama, wo tropische Säugetiere und Wasserbewohner untergebracht sind. Wer die Infotafeln liest, wird ausser Faul- und Gürteltieren, Fischen, Nachtaffen, Schlangen und Fledermäusen noch so manches nachtaktive Wesen entdecken, das man sonst übersieht.
Zauberhaft ist das eigentliche Papiliorama mit seinem quirligen Ballettensemble, das einer unsichtbaren Choreographie folgt. Hunderte von bunten, tropischen Schmetterlingen fliegen, flattern, tanzen und gaukeln auf vielen Ebenen durch das lichterfüllte, von süssem Blütenduft erfüllte Tropenhaus. Die 70 bis 80 Schmetterlingsarten leben nur etwa zwanzig Tage. Einige sorgen vor Ort für Nachwuchs. Andere werden als Puppen zugekauft und verwandeln sich in den Schlupfkästen zu geflügelten Lichtgeschöpfen.

Papiliorama Kerzers
Moosmatte
3210 Kerzers

Tel. 031 756 04 60
contact@papiliorama.ch
www.papiliorama.ch

Öffnungszeiten ganzjährig (ausgenommen 25. Dezember/1. Januar)
Sommerzeit 9–18 Uhr (Nocturama ganzjährig ab 10 Uhr)
Winterzeit 10–17 Uhr

Eintritt Erwachsene CHF 18.–, Ermässigung für Kinder (4–15 J.), Lehrlinge, Studenten, AHV, IV und Gruppen ab 10 Personen

Anreise öV ab Bhf. Kerzers ca. 20 Gehminuten, Shuttlebus zwischen Bhf. und Papiliorama (kostenpflichtig). Haltestelle Kerzers Papiliorama, 80 m neben Eingang.

■ **Erlebnisreich**
Aussenbereich: Im naturnah gestalteten Gelände befinden sich ein Streichelzoo, Spielplätze, Beobachtungshütten, aber auch die Aussengehege für Ozelots und Schildkröten sowie eine grosse, begehbare Freiflug-Voliere mit Feuchtstandorten und Trockenrasenflächen für einheimische Schmetterlinge.

Aareschlucht bei Meiringen
Naturkraft am Werk

Ungestüm zwängt sich die junge Aare durch die Schlucht. Ein Naturspektakel in einer bizarr geformten «Zwischenwelt» mit kunstvoll geschliffenen Felsen, Gletschermühlen und malerischen Grotten.

Auf seinem Weg vom Rosenlauigletscher bis zum Rhein hat sich der zweitlängste Fluss der Schweiz bei Meiringen in Jahrmillionen einen Weg durch den Felsriegel gebahnt, der das Haslital abschliesst. Dass die 1,4 Kilometer lange Aareschlucht schon früh zum Ausflugsziel wurde, hängt mit dem Bahn-Boom im ausgehenden 19. Jh. und mit dem Strassenbau zusammen: 1888 wurde, zeitgleich mit der Eröffnung der Brünigbahn, ein erster begehbarer Teil durch die Schlucht fertig. 1895 wurde die Grimselpassstrasse gebaut. Später folgten das Meiringen-Reichenbach-Aareschlucht-Tram (1912–1956). Die Meiringen-Innertkirchen-Bahn diente den Grimsel-Kraftwerken von 1926–1946 als Material- und Arbeiter-Transportbahn. Seit 1946 besitzt sie die Konzession für den öffentlichen Personentransport. 1947 wurde die Sustenpassstrasse eröffnet. Die bis zu 200 m tiefe Aareschlucht wurde ebenfalls kontinuierlich ausgebaut. Auf dem Weg, der teils über Stege, Tunnel und Leitern führt, ist die Urkraft des Wassers hautnah erlebbar. Die Strecke vom Eingang West bis zur Mitte der Schlucht kann mit dem Rollstuhl befahren werden. Der Spaziergang durch den ganzen «Schlund», in dem einst ein Drache gewohnt haben soll, dauert etwa 45 Minuten und ermöglicht spektakuläre Ein-, Aus- und Durchblicke.

Aareschlucht AG Meiringen
3860 Meiringen

Tel. 033 971 40 48 / 033 971 10 48
Tel. 033 971 32 14 (ausserhalb Öffnung/Restaurant)
info@aareschlucht.ch
www.aareschlucht.ch

Öffnungszeiten
Westeingang April bis Oktober, Osteingang Mitte Mai bis Mitte Oktober, Abendbeleuchtung (Westeingang) Mitte Juni bis Mitte Oktober von Mittwoch bis Sonntag

Eintritt Erwachsene CHF 7.50, Ermässigung für Kinder (7–16 J.), Studenten, AHV/IV, Militär sowie Gruppen und Schulen

Anreise öV ab Bhf. Meiringen mit Meiringen-Innertkirchen-Bahn bis Aareschlucht West (10 Gehminuten bis Eingang West) resp. Tunnel-Haltestelle. Aareschlucht Ost (Halt auf Verlangen, ca. 5 Gehminuten bis Eingang Ost) oder mit Postauto bis Station Innertkirchen-Post (ca. 20 Gehminuten bis Eingang Ost)

Sherlock Holmes Museum – Meiringen
Der spektakulärste Fall

Sherlock Holmes lebt! Sein spektakulärster Fall spielte sich beim Reichenbachfall ab.

Für das 1893 erschienene Buch «The Final Problem» wählte der englische Arzt und Autor, Sir Conan Doyle, den Reichenbachfall als Kulisse. Um seine erfolgreiche Detektiv-Reihe zu beenden, wollte er nicht nur den fiesen Professor Moriarty sterben lassen, sondern auch Sherlock Holmes. Das liessen seine Fans aber nicht zu. Doyles Romane gehören heute zur Weltliteratur und Sherlock Holmes gilt als berühmtester Meisterdetektiv aller Zeiten.

Das Sherlock Holmes Museum befindet sich im Untergeschoss der englischen Kirche mitten in Meiringen. Hier ist das Büro des legendären Detektivs mit der Adresse «London, Baker Street 221b» untergebracht – die einzige Nachbildung der fiktiven Detektei.
An Holmes Fersen heften kann man sich auch im Parkhotel du Sauvage, einem wunderschönen Jugendstilhotel aus der Zeit, in welcher der scharfsinnige Krimiheld seine Fälle auf unkonventionelle Weise löste.
Der Reichenbachfall ist seit 1899 durch eine nostalgische Drahtseilbahn erschlossen. An der Talstation ist eine Gedenktafel angebracht. Von der 244 m höher liegenden Bergstation aus ist der weisse Stern sichtbar, der 1957 auf Initiative des «Sherlock Holmes Clubs» an der gegenüberliegenden Seite der Schlucht angebracht wurde – an jener Stelle, wo Moriarty, nicht Sherlock Holmes, den Kampf um Leben und Tod verlor.

Erlebnisreich
Von der Bergstation der Reichenbachbahn führt ein gut gebauter Weg zu den Besucherterrassen, die einen fantastischen Blick auf die stiebenden Wasserkaskaden bieten.

Sherlock Holmes Museum
Bahnhofstrasse 26
3860 Meiringen

Tel. 033 972 50 00
info@sherlockholmes.ch
www.sherlockholmes.ch

Öffnungszeiten
Mai bis September
Di–So 13.30–18 Uhr
Dezember bis April
Mi/So 16.30–18 Uhr

Eintrittspreise Erwachsene
CHF 4.– / Ermässigung für Kinder (bis 12 J.) und Gruppen ab 10 Personen
Gruppenführungen auch ausserhalb der Öffnungszeiten
(Tel. 033 972 50 00 oder info@alpenenergie.ch)

Anreise öV Interlaken Ost mit IR bis Meiringen, wenige Gehminuten bis Museum

Reichenbachfall-Bahn
3860 Meiringen

Tel. 033 972 90 10
info@reichenbachfall.ch
www.reichenbachfall.ch
www.haslital.ch

Fahrplan
Mai bis Anfang Oktober

Anreise öV ab Bhf. Meiringen mit Bus bis Haltestelle Alpbach, ca. 10 Gehminuten bis Talstation Reichenbachfall-Bahn.
Mit Bus ab Meiringen bis Zwirgi, ca. 30 Gehminuten bis Reichenbachfall-Plattformen

Museum Schloss Landshut – Utzenstorf
Alles über Jagd, Wild und Natur

Die Schutzfestung für Könige und Herzöge war später Sitz der Berner Landvögte.

Die «Landshut» war militärischer Stützpunkt von Burgundern, Zähringern und Kyburgern. Danach diente das von einem Wassergraben umgebene Schloss Berner Landvögten als Wirkungsstätte. Das wohnliche Aussehen erhielt es im 17. Jh. Ab 1798 kam es immer wieder in andere Hände. 160 Jahre später wurde das Schloss im Berner Mittelland vom Kanton Bern zurückgekauft. Das 1968 eröffnete Museum betreut das Naturhistorische Museum der Burgergemeinde Bern.
Neben wechselnden Themenschauen gibt es sieben Dauerausstellungen:

1 **Wild und Mensch in der Kulturlandschaft:** Wie sich das Verhalten des Menschen auf die Wildtiere und ihre Lebensräume auswirkt.

2 **Spuren der Jagd in der Schweiz:** Im Mittelalter Privileg der Oberschicht. Heute ist das Jagdwesen im «Bundesgesetz über die Jagd und den Schutz wildlebender Säugetiere und Vögel» geregelt.

3 **Historische Sammlung La Roche** (über 600 Jagdwaffen/-utensilien vom 15. bis 19. Jahrhundert.

4 **Vom Jagd- zum Musikinstrument:** Die von Jägern seit Jahrhunderten zur akustischen Verständigung benutzten Instrumente inspirierten Komponisten wie Haydn und Mozart zu grandiosen Orchesterwerken.

5 **Auf frischer Fährte – Lockvögel:** Die Sammlung «Brandenberger» dokumentiert die Entwicklung von Jagdmethoden und Jagdtechniken.

6 **Falknerei – ein Greif auf meiner Hand:** Beizjagd und Falknerei gibt es seit drei Jahrtausenden.

7 **Der Hund als Jagdgefährte:** In der Schweiz werden rund 50 Hunderassen zur Jagd ausgebildet.

Schloss Landshut
Schweizer Museum für Wild und Jagd
3427 Utzenstorf

Tel. 032 665 40 27
info@schlosslandshut.ch
www.schlosslandshut.ch

Öffnungszeiten
Mitte Mai bis Mitte Oktober (Daten s. Homepage)
Di–Sa 14–17 Uhr, So 10–17 Uhr, Pfingstmontag, 1. August, Eidg. Bettag geschlossen

Eintritt
Erwachsene CHF 7.–, Ermässigung für Kinder/Gruppen
Schlossführungen (max. 25 Personen) auf Anmeldung

Anreise öV ab Bhf. Utzenstorf ca. 10 Gehminuten bis zum Schloss

■ **Erlebnisreich**
- Wildstation Landshut (Stiftung Tel. 032 665 38 93): Tierpfleger kümmern sich um verletzte einheimische Wildtiere sowie um Aufzucht und Auswilderung.
- Schweiz. Jagdbibliothek (Tel 032 665 14 82) über 6000 Bücher zu den Themen Jagd, Wild, Biologie

Sensorium Rüttihubelbad – Walkringen
Spielend durch das Reich der Sinne

Im Sensorium Rüttihubelbad können mentale und physikalische Phänomene mit allen Sinnen erlebt werden.

Rotierende Scheiben, Tastkrüge, Prismen, Düfte, Klänge, Farben, Schwingungen, Licht und Dunkel – die Experimentierlandschaft mit rund 100 Stationen versetzt Jung und Alt ins Staunen. Naturgesetze und optische Phänomene werden auf eine ganz neue, sinnliche Weise erfahrbar. Sensorium leitet sich vom lateinischen Wort «sensus» ab. Einen «Ort des Wahrnehmens» mit unterschiedlichsten Erfahrungsstationen zu gestalten, basiert auf der jahrelangen Entwicklungsarbeit von Hugo Kükelhaus, Schreinermeister, studierter Philosoph, Mathematiker und Soziologe. Als Denker, Querdenker, Macher und Mahner wies er nicht nur auf zentrale Probleme unserer Zeit hin, sondern zeigte auch Lösungsansätze auf. Mit seinem Engagement war er Wegbereiter, um den Menschen aufzuzeigen, wie man die Welt mit allen Sinnen entdecken kann. Der Besuch des Sensoriums empfiehlt sich sowohl für Gruppen mit besonderen Interessen und Schulklassen als auch für Einzelpersonen. Man sollte sich mindestens zwei Stunden reservieren: Die Zeit vergeht rasch!

Sensorium
Stiftung Rüttihubelbad
Wikartswil
3512 Walkringen

Tel. 031 700 85 85
info@sensorium.ch
www.sensorium.ch

Öffnungszeiten
Di–Fr 9 – 17.30 Uhr
Sa/So 10 –17.30 Uhr
montags nur Gruppen auf Anmeldung

Eintritt Erwachsene CHF 18.–, Kinder unter 6 J. gratis, Ermässigung für Kinder und Jugendliche von 6–16 J., Lehrlinge, Studenten, AHV/IV, Familien und Gruppen ab 10 Personen

Anreise öV Postauto ab Bahnhof Worb Dorf und Walkringen bis Rüttihubelbad

■ **Erlebnisreich**
- Stationen des Sensoriums befinden sich auf drei rollstuhlgängigen Stockwerken im Haus und in der grosszügigen, naturnah gestalteten Umgebung mit Bio-Garten.
- Das «Rüttihubelbad» umfasst ein Hotel mit Restaurant (Bio-Küche) sowie ein Sozial-, Kultur- und Tagungszentrum. Angegliedert sind ein Alterswohn- und Pflegeheim und eine sozialtherapeutische Gemeinschaft.

Tropenhaus Frutigen
Südsee-Feeling und Polarmeer zwischen Bergriesen

Stör mit orientalischer Gewürzbutter: Nach dem Besuch des Tropenhauses Frutigen mit seiner südländischen Ambiance mitten in den Bergen und der nachhaltigen Stör-Zucht geniesst man die Spezialität mit doppelt gutem Gewissen.

«Frutigen liegt am Äquator» – fast könnte man es meinen, wenn man in die Dschungel-Vegetation des Tropenhauses Frutigen eintaucht. Die befestigten Wege werden von Bananenstauden, Papayas, Guaven, Karambolen, Gewürzen, zauberhaften Orchideen und anderen kriechenden oder himmelstürmenden Exoten gesäumt, die sonst zumeist nur im feuchtwarmen Klima der Tropen gedeihen. Möglich macht dies die Wärmenutzung des ca. 18 °C warmen Wassers, das im Lötschbergtunnel gefasst wird. Noch weit spektakulärer ist die nachhaltige Aquakultur. In den Aussenbecken sollen im Endausbau rund 60 000 Störe gehalten werden. Die auffälligen Knochenfische gibt es schon seit 200 Millionen Jahren – bis ins 19. Jahrhundert waren sie sogar ein Teil der Schweizer Fauna. Die Gier der Menschen hat sie weltweit fast zum Aussterben gebracht. Rogen, besser bekannt als Kaviar, gehört zu den teuersten Delikatessen der Welt. Doch nicht nur die Eier, sondern auch das Fleisch ist begehrt, weil es keine Gräte hat. Im warmen Wasser und dank wissenschaftlich ausgeklügelter Haltung wachsen die ursprünglich in der Region zwischen Polarmeer und Baikalsee beheimateten Sibirischen Störe doppelt so schnell wie in freier Wildbahn. Sie können bis 1,4 Meter lang und 140 Kilogramm schwer werden.
Attraktiv sind die wechselnden Sonderausstellungen. Sie befassen sich mit der Region, mit Ökologie, kreativer Nutzung von nachhaltigen Ressourcen und zukunftsweisenden Technologien und Ideen.

Tropenhaus Frutigen AG
Tropenhausweg 144
3714 Frutigen

Tel. 033 672 11 44
info@tropenhaus-frutigen.ch
www.tropenhaus-frutigen.ch

Öffnungszeiten
Montag geschlossen (ausgenommen Feiertage), übrige Tage 9–18 Uhr (letzter Eintritt 17 Uhr), geschlossen 24./25. Dezember, Betriebsferien (s. Homepage)

Eintritt Erwachsene (ab 18 Jahre) CHF 20.-, Kinder bis 6 Jahre gratis, Ermässigung für Familien, Gruppen ab 10 Personen, Schüler, mit AHV-, IV-, Studenten- und Lehrlingsausweis oder nur Eintritt Tropenhaus.

Führungen: Mi/Sa/So jeweils um 9.45 und 13.45 Uhr (Anmeldung am Vortag bis 16 Uhr). Zuschlag Führungen CHF 9.-/Person

Anreise öV ab Bhf. Spiez-Frutigen ca. 7 Gehminuten (Wegweisern folgen)

Kristallweg – Guttannen ❶
Einblicke in die Zeit, als alles unter Gletschern lag

Die Wanderung auf dem alten Säumerweg führt durch eines der reichhaltigsten Mineraliengebiete der Alpen. Kristallkluft, Bergbach, Gletschermühlen und Gletscherschliff bieten einzigartige Naturerlebnisse.

Historisches Alpinhotel Grimsel Hospiz
3864 Guttannen

www.grimselwelt.ch

Öffnungszeiten
Mitte Juni bis Mitte Oktober begehbar,
3–4 Stunden Wanderzeit

Ausgangspunkt Grimsel Hospiz,
Rückfahrt ab Handegg, Gelmerbahn

Oeschinensee – Kandersteg ❷
Abenteuer und reine Urkraft erleben

Wandern, Schwimmen, Fischen, Rodeln, Rudern und sich verwöhnen lassen in der UNESCO-Region Oeschinensee.

3718 Kandersteg

Tel. 033 675 11 19
info@oeschinensee.ch
www.oeschinensee.ch

Eispaläste – Schwarzsee ❸
Eine zauberhafte Welt aus Eis und Licht

Fantastische Eiskonstrukte zum Bestaunen und Besteigen.

Eispaläste Schwarzsee
Bushaltestelle Lichtena
1716 Schwarzsee

Tel. 026 412 13 13
www.eispalaeste.ch

Öffnungszeiten
25. Dezember bis Anfang März
Mi–Fr 14–20 Uhr, Sa/So 12–21 Uhr
(Auskunft, ob die Paläste geöffnet sind, erhalten Sie unter Tel. 026 412 13 13 oder auf Teletext SRF1, Seite 437)

Wallis – Westschweiz

Stockalperpalast – Brig
Ein Walliser als Alpen-«König»

«Könige» gab es auch in der Schweiz. Kronen trugen sie keine, aber sie bauten Paläste – wie die Stockalper. Wie sie lebten und reich wurden, ist in Brig zu erfahren.

Vergoldete Zwiebelkuppeln auf den Türmen des Briger Wahrzeichens zeugen vom Reichtum der Stockalper. Kaspar Jodok Stockalper (1609–1691) war nicht nur schlau, sondern auch gebildet. In den Händen des Mannes, dessen Ahnen die Stockalp bewirtschafteten, schien sich alles in Gold zu verwandeln. Er dominierte Handel und Transport über den Simplonpass. Neben dem Walliser Salzmonopol besass er auch Bergwerke. Während des Dreissigjährigen Krieges machte er lukrative Geschäfte mit allen Kriegsparteien und vermittelte sogar ganze Söldnerbataillone. Zu Macht und Vermögen gekommen, baute er sich den repräsentablen Wohnsitz, wobei er das bescheidene Elternhaus kurzerhand in den neuen Palast integrieren liess. Neider sorgten dafür, dass er mit 69 Jahren zur persona non grata erklärt wurde. Rehabilitiert kehrte er fünf Jahren später nach Brig zurück. Der Walliser «Krösus» hatte mit seinem Reichtum nämlich auch viel Gutes unterstützt: den Bau des Kollegiums und des Klosters in Brig und der Kirche von Glis sowie den Kanal Vouvry-Collombey. Der Stockalperpalast zählt zu den grössten profanen Barock-Bauten der Schweiz, wobei auch romanische, byzantinische und Renaissance-Elemente eingefügt wurden.
1948 kam das Schloss in den Besitz der Stadt Brig. Seit 1960 wird ein Teil als Rathaus genutzt, der andere Teil als Museum. Hier sind Dokumente über das Leben des Walliser «Fuggers», das Stockalper-Archiv sowie eine volkskundliche und kulturgeschichtliche Sammlung über das Oberwallis untergebracht.

Stockalperpalast
Alte Simplonstrasse 28
3900 Brig

Info/Anmeldung für Gruppenführungen
Brig Belalp Tourismus
Bahnhofplatz 1
3900 Brig

Tel. 027 921 60 30
info@brig-belalp.ch
www.brig.ch/brig-glisentdecken/stockalper-schloss.php

Öffnungszeiten
Mai bis Oktober
Di–So 9.30–15.30 Uhr
Juni bis Sept. bis 16.30 Uhr

Führungen 9.30 / 10.30 / 13.30 / 14.30 / 15.30 Uhr
Juni bis Sept. bis 16.30 Uhr

Eintritt Erwachsene CHF 8.–, Ermässigung für Kinder (7–16 J.) und Gruppen ab 17 Personen, unter 7 J. gratis

Anreise öV wenige Gehminuten vom Bhf. Brig entfernt

■ Erlebnisreich
- Kostbarkeiten: In den Sälen des Palastes sind Pariser Tapeten und Seidenmalereien aus dem 18. Jh. zu bewundern.
- Barockpark: Der 2001 aufwändig sanierte Umschwung ist öffentlich zugänglich.

Centre Dürrenmatt – Neuchâtel
Denk-Mal für malenden Dramatiker

Schlicht und komplex ist das von Mario Botta erbaute Centre Dürrenmatt: eine perfekte Metapher und Bühne für das Schaffen des grossen Schweizer Dramatikers.

Seine Werke werden auf vielen Bühnen aufgeführt: «Der Besuch der alten Dame», «Die Physiker» und andere. Krimis wie «Der Richter und sein Henker» gelten als Klassiker. Mit geschliffener Feder nahm Dürrenmatt gesellschaftliche Strukturen aufs Korn. Tragik und Groteske liegen in seinen Werken nahe beieinander und nehmen, selbst in den Komödien, nur allzu oft die «schlimmstmögliche aller Wendungen». Weniger bekannt ist, dass Dürrenmatt ein umfangreiches bildnerisches Werk schuf, welches in direkter Beziehung zu seinem Schreibprozess steht, und sich sein Schreiben und Malen wechselseitig befruchteten. Als «gezeichnete und gemalte Schlachtfelder, auf denen sich seine schriftstellerischen Kämpfe, Abenteuer, Experimente und Niederlagen abspielten», bezeichnete er den Teil seines Schaffens. Den literarischen Nachlass vermachte Dürrenmatt der Eidgenossenschaft ein Jahr vor seinem Tod. 1991 wurde das Schweizerische Literaturarchiv geschaffen. Mit der Auflage, dass das Wohnhaus in das Gesamtkonzept eines neu zu errichtenden Centre Dürrenmatts integriert werde, überliess Charlotte Kerr, seine zweite Frau, dem Bund später auch Dürrenmatts bildnerisches Schaffen.
Die Dauerausstellung zeigt die literarisch-gestalterische Vernetzung von Dürrenmatts Schaffen. Regelmässig finden Wechselausstellungen von Künstlern statt, die visuelles und literarisches Schaffen verbinden. Als Ort der Reflexion und des Austauschs organisiert das Centre Dürrenmatt Kolloquien, Vorträge und Dichterlesungen, welche in thematischer Verbindung zum Werk des Schweizer Dramatikers stehen.

**Centre Dürrenmatt Neuchâtel
74, chemin du Pertuis-du-Sault
2000 Neuchâtel**

Tel. 032 720 20 60
cdn@nb.admin.ch
www.cdn.ch

Öffnungszeiten
Mi–So 11–17 Uhr
Schliessungen (s. Homepage)

Eintritt Erwachsene CHF 8.–, Ermässigung für Kinder/ Studenten, IV/AHV-Bezüger und Gruppen

Führungen bis max. 25 Personen auf Anmeldung

Anreise öV ab Bhf. Neuchâtel mit dem Bus 9 oder 9 b bis Haltestelle Ermitage, von hier 10 Gehminuten

■ **Erlebnisreich**
Sixtinische Kapelle: Das gibt es nicht nur im Vatikan, sondern auch in Dürrenmatts Wohnhaus. Das vom Schriftsteller mit farbenfrohen «Gaffern» bemalte schmale WC ist Bestandteil der Ausstellung.

Lac Souterrain de St-Léonard
Unterirdisch schön!

Zwischen Sion und Sierre befindet sich der grösste natürliche unterirdische See Europas. Auf einer halbstündigen Bootsfahrt erfährt man alles über die Geschichte des Sees mit seinem kristallklaren Wasser. Geschickte Führer rudern die Besucher durch die Gewölbe der Grotte.

Lac Souterrain de St-Léonard
Rue du Lac 21
1958 St-Léonard

Tel: 027 203 22 66
admin@lac-souterrain.com
www.lac-souterrain.com

Öffnungszeiten
19. März bis 1. November,
9–17 Uhr

Gratis-Parkplatz für Busse und Autos in 100 m Entfernung zum Grotten-Eingang

Eintritt Erwachsene CHF 10.–, Kinder 5 – 16 Jahre CHF 6.– Gruppen ab 20 Personen CHF 9.–, Führungen ab 20 Personen auf Voranmeldung

Anreise öV ab Bahnhof SBB zu Fuss zirka 20 Minuten

Eisgrotte im Rhonengletscher – Obergoms
Gänsehaut! ... vor lauter Begeisterung

Die Grotte liegt auf knapp 2300 m ü. M., 3 km unterhalb der Furka-Passhöhe.
Der bequem begehbare, zu Beginn der Saison 100 Meter lange blaue Eistunnel mit Eiskammer wird seit 1870 jährlich neu in den Gletscher gehauen.

3999 Belvédère/Obergoms
Tel. 027 973 11 29
admin@gletscher.ch
www.gletscher.ch < Eisgrotte

Öffnungszeiten
Anfang Juni bis Mitte Oktober 8–18 Uhr, im Hochsommer bis ca. 19.30 Uhr

Mines de Sel – Bex **1**
Im Inneren des Berges die Salzproduktion erwandern

1880 Bex
Tel. 024 463 03 30
www.mines.ch

Öffnungszeiten
ganzjährig; beschränkte Platzzahl pro Rundgang; Anmeldung erforderlich

Thermalbad Brigerbad **2**
Alpines Thermalbad der Superlative

Das grösste Freiluftthermalbad der Schweiz mit Europas längster alpiner Thermal-Wasserrutschbahn (182 m), Thermal Flussbad, Thermal-Sport-, Kur- und Kinderschwimmbäder. Grosses Wellnessangebot.

3900 Brigerbad
Tel. 027 948 48 48
thermalbad@brigerbad.ch
www.thermalbad-wallis.ch

Öffnungszeiten
Ende April bis Ende Oktober
2013 nur Teilbetrieb wegen Umbau

Schweizer Vogelschutz SVS / BirdLife Schweiz – Cudrefin **3**
Beobachten und forschen in der Welt der Vögel und Insekten

Ausstellung, Führungen, Naturbeobachtungen, Naturlabor, Thementage.

**La Sauge
1588 Cudrefin**
Tel. 026 677 03 77
lasauge@birdlife.ch
www.birdlife.ch

Öffnungszeiten
Ende Februar bis Mitte November
Di–So/Feiertage 9–18 Uhr

Swiss Vapeur Parc – Le Bouveret 1
Eine Miniaturwelt für Eisenbahnfans

17 000 m² grosser Eisenbahnpark am Genfersee.
Hier öffnen sich die Türen zu einer Welt voller Wunder.
Wie von Zauberhand gesteuert schlängeln sich die
dampfangetriebenen Züge durch die herrliche Modell-
Landschaft der Schweiz.

Swiss Vapeur Parc
1897 Le Bouveret

Tel. 024 481 44 10
info@swissvapeur.ch
www.swissvapeur.ch

Öffnungszeiten
siehe Homepage

Unterirdische Mühlen des Col-des-Roches – Le Locle 2
Geheimnisvolle Mühlenwelt

Museum mit über 400-jähriger unterirdischer Mühlen-
tradition; faszinierender Rundgang durch die Höhle
mit ihren Einrichtungen. Ausstellung «Vom Korn zum
Brot».
Weitere Höhepunkte: Wasserfall Saut-du-Doubs, Schifffahrt auf dem Lac des Brenets.

Col 23
2400 Le Locle

Tel. 032 889 68 92
col-des-roches@lesmoulins.ch
www.lesmoulins.ch

Öffnungszeiten
Mai bis Oktober täglich 10–17 Uhr
November bis April Di–So 14–17 Uhr

Spielboden – Saas-Fee 3
Von Murmeltieren begleitet wandern

Auf dem Spielboden können die Murmeltiere beim
Spielen und auf der Nahrungssuche beobachtet werden.
Wanderer dürfen die Murmeli mit Karotten, Nüssen
und weiteren Murmeli-Leckerbissen füttern. Das eine oder
andere Murmeli kann sogar gestreichelt werden –
ein unvergessliches Erlebnis!

3906 Saas-Fee

www.saas-fee.ch

Gondelbahn Saas-Fee–Spielboden Mitte
Juni bis Mitte Oktober 8.45–12.15 Uhr und
13.30–16.45 Uhr

Bilder
Wenn nicht anders vermerkt, wurden die Fotos von den jeweiligen Institutionen zur Verfügung gestellt.

- S. 34 **Augusta Raurica** Susanne Schenker
- S. 46 **Merian Gärten** Bernd Zellweger
- S. 30 **Goetheanum** oben: Wladyslaw Sojka; unten links: Charlotte Fischer, Dokumentation am Goetheanum. Rechts unten: Johannes Nilo
- S. 38 **Fondation Beyeler** oben: Serge Hasenböhler; unten, Mark Niedermann
- S. 20 **Verenaschlucht** Gesellschaft der Einsiedelei St. Verena
- S. 66 **Basler Papiermühle** Daniel Schvarcz
- S. 90 **Grossmünster Zürich** Lorenz Ehrismann
- S. 94 **Landesmuseum Zürich** oben: Anita Affentranger; Mitte und unten: www.jpg-factory.com
- S. 104 **Knies Kinderzoo** Geri Kuster (Rüti), Katja Stuppia (Lachen)
- S. 122 **Pestalozzi Kinderdorf** oben: Marcel Giger
- S. 134 **Klangweg Toggenburg** Dolores Rupa
- S. 202 **Berner Münster** Andreas Brechbühl
- S. 210 **Zytglogge Bern** Markus Marti, Zeitglockenrichter
- S. 216 **Kraftwerk und Grimselwelt** oben: KWO, Rolf Neeser; Mitte links: KWO, Robert Bösch; Mitte rechts: KWO, Monika Flückiger; unten links: KWO, Luca Zanier; unten rechts: KWO, Beat Kehrli
- S. 164 **Schweizer Geschichte** Schweizerisches Nationalmuseum
- S. 174 **Val Müstair** Andrea Badrutt, Chur
- S. 180 **Kloster St. Johann** Stiftung Pro Kloster St. Johann in Müstair
- S. 192 **Schweizer Nationalpark** SNP/Hans Lozza
- S. 196 **Alp Flix** Lorenz A. Fischer / www.allvisions.ch
- S. 244 **Lac Souterrain de St-Léonard** Michel Villars

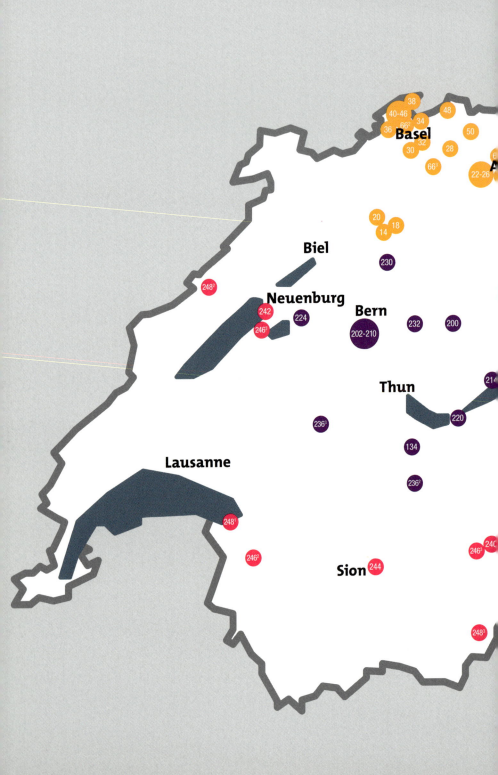

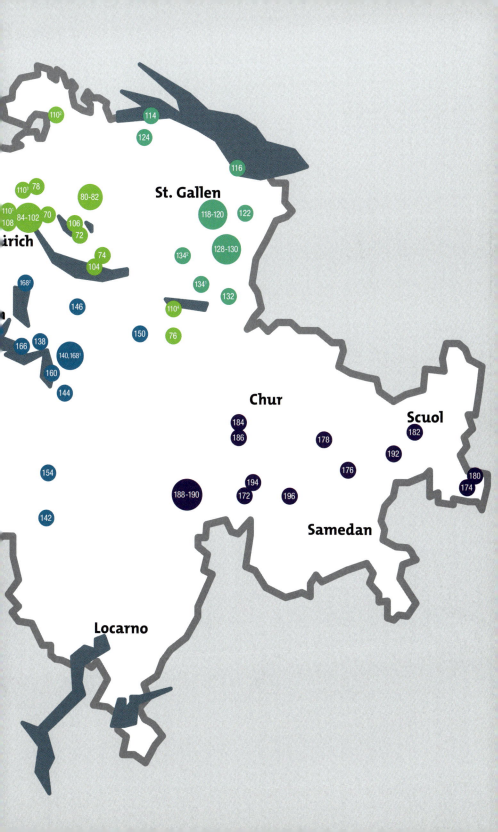